LA

QUESTION DES VEILLÉES

DEVANT LA

COMMISSION DÉPARTEMENTALE

DU TRAVAIL

DU DÉPARTEMENT DE LA SEINE

EXTRAITS DES PROCÈS-VERBAUX DES SÉANCES

— 1900-1901 —

PARIS

IMPRIMERIE ET LIBRAIRIE CENTRALES DES CHEMINS DE FER

IMPRIMERIE CHAIX

SOCIÉTÉ ANONYME AU CAPITAL DE TROIS MILLIONS

Rue Bergère, 20

1901

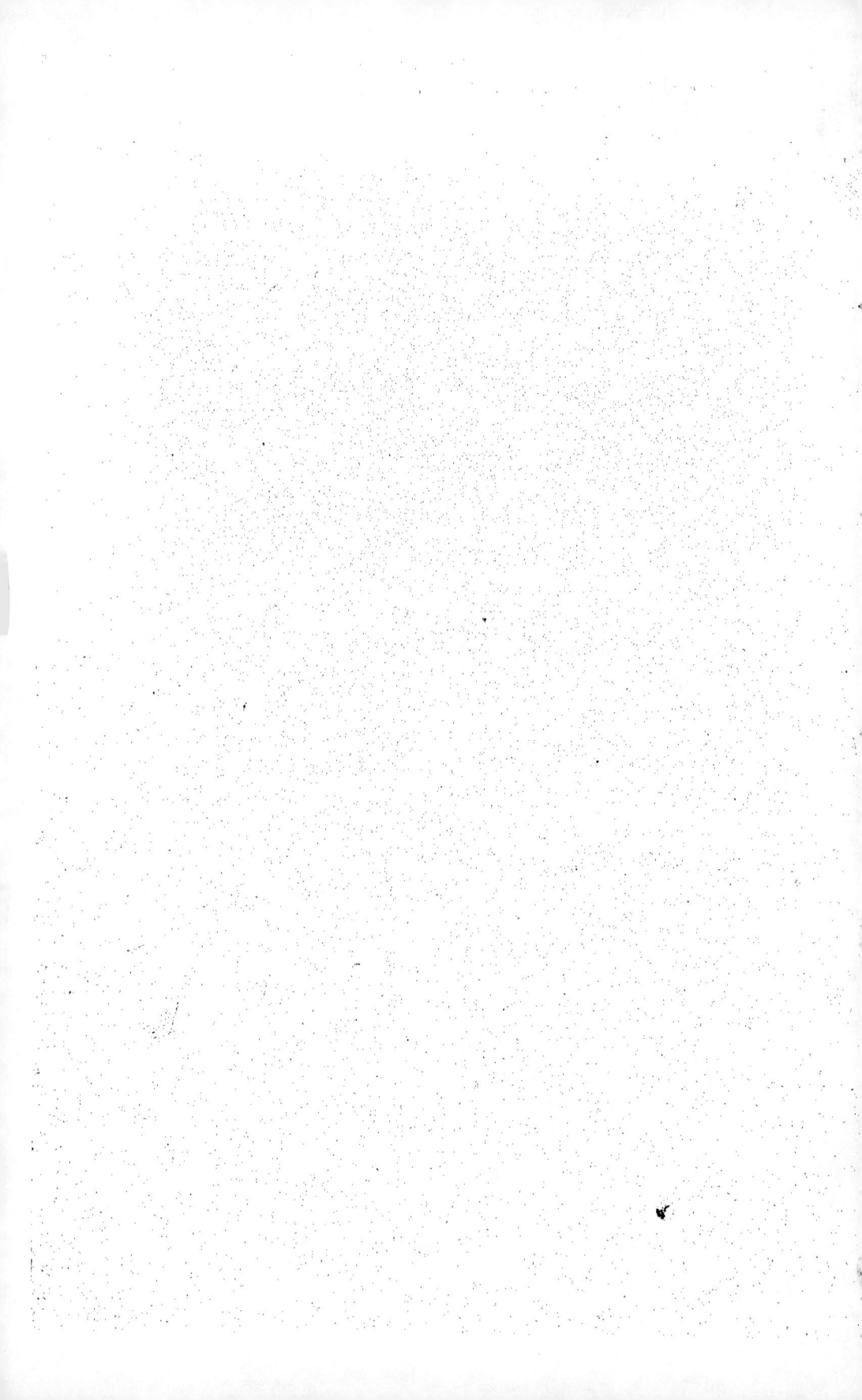

LISTE DES MEMBRES

DE LA

COMMISSION DÉPARTEMENTALE DU TRAVAIL

DE LA SEINE

MM. Adrien **VEBER**, *Président.*

Édouard **BESOMBES**, }
MILLET, } *Vice-Présidents.*

WORTH,)
MOULIN, } *Secrétaires.*
HEPPENHEIMER,)

PERCEVAL, Sous-Chef de Bureau à la Préfecture de Police,
Secrétaire administratif.

MM. **ANTOURVILLE**, Délégué de la Bourse du Travail.
BERROUX, Délégué de la Bourse du Travail.
BESOMBES (Édouard), Délégué de la Bourse du Travail.
BEZANÇON, Chef de Division à la Préfecture de Police.
BOUTAIRE, Vice-Président au Conseil des Prud'hommes.
Mᵐᵉ **BOUVARD**, Déléguée de la Bourse du Travail.
MM. **BRARD**, Membre du Conseil Général.
CARDET, Président au Conseil des Prud'hommes.
CARON (Julien), Membre du Conseil Général.
DAGOURY, Délégué de M. le Procureur de la République.
DEFRANCE, Directeur des Affaires Départementales à la Préfecture de la Seine.
DENIER, Délégué de la Bourse du Travail.
DUVAL-ARNOULD, Membre du Conseil Général.
GARREAU, Délégué de la Bourse du Travail.
HEPPENHEIMER, Vice-Président au Conseil des Prud'hommes.
Mˡˡᵉ **JUSSELIN**, Déléguée de la Bourse du Travail.
MM. **LAMBELIN (Roger)**, Membre du Conseil Général.
LAPORTE, Inspecteur Divisionnaire du Travail dans l'Industrie.
LEVÉE, Membre du Conseil général.
MAINGUET (Pierre), Délégué de la Chambre de Commerce.
MALLEMONT, Président au Conseil des Prud'hommes.
MALLET, Délégué de la Chambre de Commerce.
MENIN, Membre du Conseil Général.
MEYER (Louis), Délégué de la Bourse du Travail.
MILLET, Vice-Président au Conseil des Prud'hommes.
MOREL, Président au Conseil des Prud'hommes.
MOULIN, Président au Conseil des Prud'hommes.
NICOLAS, Délégué de la Bourse du Travail.
OPPORTUN, Membre du Conseil général.
POUARD, Vice-Président au Conseil des Prud'hommes.
RANVIER, Membre du Conseil Général.
SAUTON, Membre du Conseil Général.
SOHIER, Délégué de M. le Président du Tribunal de Commerce.
VEBER (Adrien), Membre du Conseil Général.
VELLY, Délégué de la Bourse du Travail.
WALCKENAER, Ingénieur en chef des Mines.
WICKERSHEIMER, Ingénieur en chef des Mines.
WORTH, Délégué de la Chambre de Commerce.

LA
QUESTION DES VEILLÉES

DEVANT LA

COMMISSION DÉPARTEMENTALE

DU TRAVAIL

DU DÉPARTEMENT DE LA SEINE

EXTRAITS DES PROCÈS-VERBAUX DES SÉANCES

— 1900-1901 —

PARIS

IMPRIMERIE ET LIBRAIRIE CENTRALES DES CHEMINS DE FER

IMPRIMERIE CHAIX

SOCIÉTÉ ANONYME AU CAPITAL DE TROIS MILLIONS

Rue Bergère, 20

1901

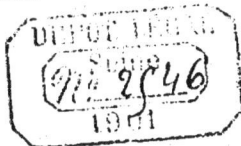

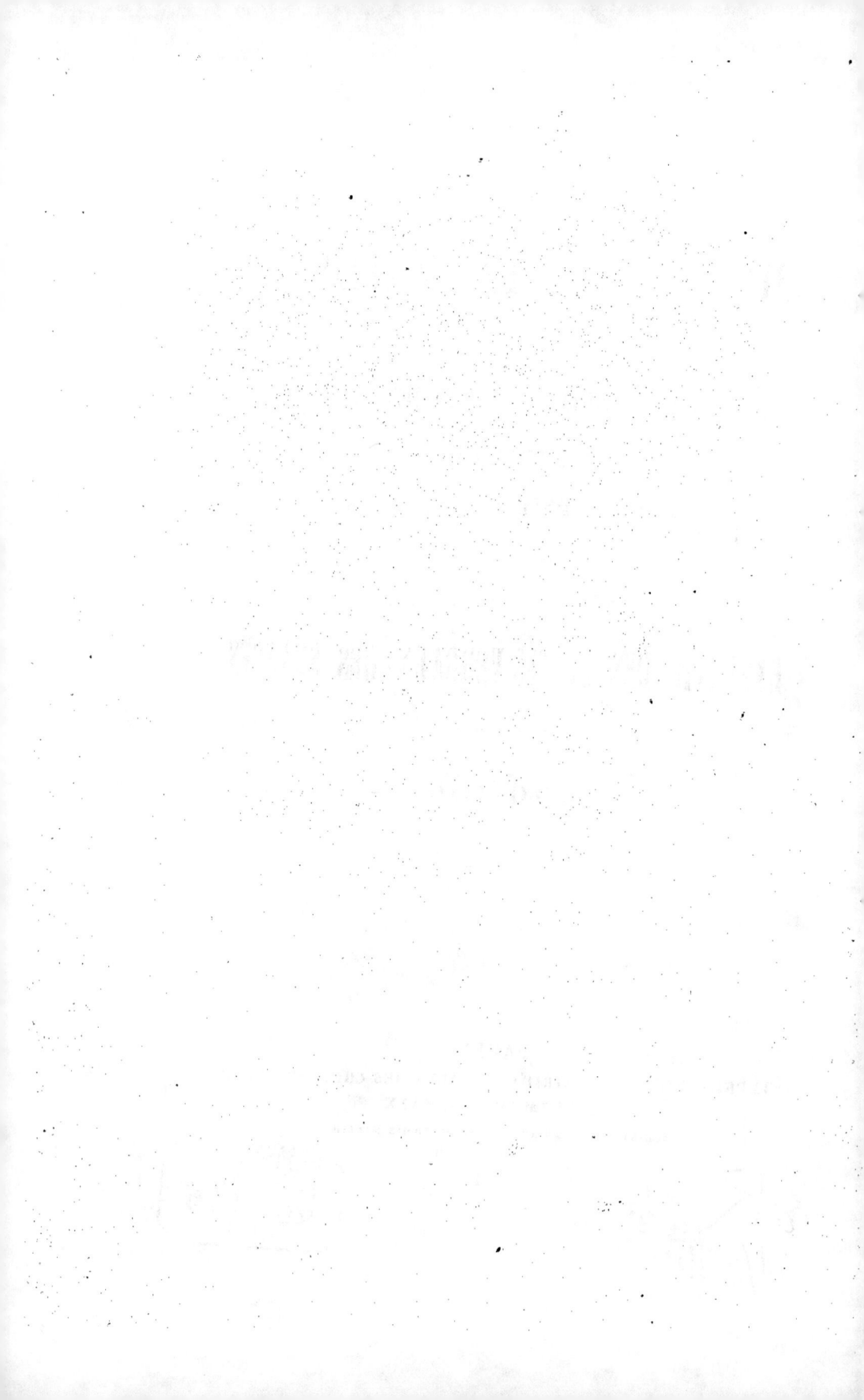

LA
QUESTION DES VEILLÉES

DEVANT LA

COMMISSION DÉPARTEMENTALE

DU TRAVAIL

DU DÉPARTEMENT DE LA SEINE

EXTRAITS DES PROCÈS-VERBAUX DES SÉANCES

SÉANCE DU 27 AVRIL 1900.

L'ordre du jour appelle la discussion du rapport de M. Besombes sur le service de l'Inspection du Travail.

M. Besombes donne lecture de son rapport, qui est ainsi conçu :

Rapport sur le Service de l'Inspection.

Messieurs,

En vous présentant cette étude sur l'inspection du travail, résultat de plusieurs années d'observations continues, il doit y avoir trois points principaux à envisager :

1° Les infractions aux lois protectrices du travail des femmes et des enfants dans l'industrie;

2° Comment l'inspection est-elle pratiquée dans les établissements soumis aux lois;

3° Les moyens d'y remédier.

PREMIÈRE PARTIE

En général, c'est principalement dans les petits ateliers occupant un personnel restreint que les lois sont le plus souvent violées, ceci en contradiction absolue avec le Service de l'Inspection qui prétend, dans ses rapports annuels, qu'il y a plus d'intérêt à visiter les grands établissements dans lesquels, paraît-il, on rencontre le plus de tendances à l'inobservation des lois. On admettra difficilement qu'un chef d'industrie, occupant un nombreux personnel, courre les risques de contraventions pour prolonger la durée du travail de quelques heures sans compter l'augmentation des frais généraux correspondants, lorsqu'il a la facilité d'embaucher du personnel pour peu de temps pour satisfaire aux exigences des commandes. Il n'en est pas de même des petits ateliers où le manque de place et de matériel s'oppose à l'augmentation de l'effectif ouvrier; dans ce cas, s'il y a un travail pressé à livrer dans un temps déterminé, le patron exige de ses employés des journées de quatorze, quinze et seize heures, et bien heureux si l'on ne passe pas les nuits, le patron étant certain que les ouvrières n'oseront pas et ne pourront pas refuser de travailler au delà de la journée légale dans la crainte de perdre leur travail.

Un exemple entre cent fera apprécier le bien fondé des considérations ci-dessus exposées :

Une entrepreneuse de broderies, travaillant exclusivement pour un grand brodeur, dont la maison a la clientèle de nos plus grands couturiers.

Il a été constaté chez cette patronne, dans le courant de l'année 1899, plus de cinquante infractions aux articles 3, 4 et 5 de la loi du 2 novembre 1892, soit en obligeant ses ouvrières à faire des journées de treize ou quatorze heures, soit en les faisant veiller jusqu'à minuit, depuis 7 heures du matin qu'elles étaient arrivées à l'atelier, et même de leur faire passer les nuits, ce qui n'empêchait pas ces jeunes filles de refaire la journée suivante comme si elles avaient passé leur nuit à se reposer. Ces ouvrières, au nombre de sept, dont la plus âgée avait vingt-deux ans et les trois plus jeunes dix-sept, seize et quinze ans, ont un matin commencé leur journée à 7 heures, il y avait, ce jour-là, un manteau de cour à faire, — « quel honneur pour ces pauvres filles » — elles ont travaillé toute la journée, avec 1 h. 1/2 à midi et 1 h. 1/2 à 7 heures du soir, pour prendre leurs repas; elles ont ensuite passé la nuit entière et recommencé le lendemain jusqu'à midi, où elles ont été déjeuner, pour recontinuer jusqu'à 9 heures du soir, ce qui produit le joli total de trente-quatre heures de travail, sans toucher un centime d'augmentation pour un travail surhumain, sauf une légère collation de charcuterie dans le courant de la nuit et le chocolat le lendemain matin On s'explique aisément les ravages que peuvent produire sur des jeunes filles, à peine formées, des journées pareilles, sans compter les fatigues de la vue pour un travail si fin que la broderie, où sur trente-quatre heures de travail il y avait eu quinze heures de gaz, avec les fenêtres fermées à cause de la fragilité des tissus; et ce cas se renouvelle de temps en temps pendant la bonne saison.

Une pareille situation s'explique, quand l'on saura que ces grands magasins exigent la livraison du travail dans un temps déterminé, et si l'entrepreneuse fait l'objection que l'inspectrice pourrait passer et dresser procès-verbal, il a été fait cette réponse typique: « Ne vous occupez de rien, si l'on vous met à l'amende le magasin paiera, il faut livrer avant tout. » L'on peut affirmer que la réponse a été la même aux trente entrepreneuses qui travaillent pour cette maison.

Dans la confection pour hommes et chez les giletières, il en est de même ; dans le quartier de Belleville et à Montmartre, principaux centres des entrepreneurs en confections, l'on y fait habituellement treize et quatorze heures et souvent l'on travaille le dimanche, les inspecteurs trouveraient facilement des jeunes filles de quatorze à seize ans travaillant à la machine à coudre mue par des pédales (art. 12 du décret du 13 mai 1893), dans le travail des piqueuses en chaussures la même infraction se produit.

En général, c'est dans les petits ateliers, et principalement chez les entrepreneurs, que les lois sont le plus souvent violées ; le personnel travaillant sans relâche dans des locaux sans air, où toutes les prescriptions de la loi sur l'hygiène et la sécurité des travailleurs du 12 juin 1893 ne sont pas appliquées, contribuant par ces faits à la propagation des maladies contagieuses, principalement de la tuberculose, qui fait tant de ravages dans la classe ouvrière, que ces lois ont pour mission de protéger, protection à peu près nulle jusqu'à l'heure actuelle.

DEUXIÈME PARTIE

Comment l'inspection est-elle pratiquée dans les établissements soumis aux lois ?

Le rapport sur l'Inspection du Travail pour l'année 1898, paru au commencement de cette année, annonce qu'il y a 39.080 établissements soumis aux lois de protection des travailleurs et qu'il en a été visité 32.613, ce qui produit une proportion de 83 0/0 du total général ; il est hors de doute qu'un très grand nombre d'ateliers, énumérés dans le chapitre précédent, sont passés inaperçus pour l'Inspection, car l'on trouve dans ce rapport que la proportion ouvrière, par rapport à la population totale, est de 11 0/0 dans le département de la Seine, 4 0/0 en Seine-et-Marne et 5 0/0 en Seine-et-Oise. Rien que ces chiffres prouvent d'une façon péremptoire qu'il y a la moitié des établissements qui ne sont pas visités. Chaque inspecteur a fait en moyenne 1.317 visites dans l'année 1898, ce qui fait 220 jours de travail par an, un peu plus de 6 visites par jour ; avec un si petit nombre, elles pourraient être faites d'une façon irréprochable, il n'en est rien ; les inspecteurs, visitant un atelier, se contentent de s'assurer si la loi est bien affichée avec leur nom au bas, si le registre est en règle, et de faire une promenade senti-mentale avec le patron, en s'extasiant sur les prodiges d'habileté que peuvent acquérir des mains féminines pour la fabrication des articles de Paris, sans s'inquiéter dans quel état sont les cabinets, s'il y a des lavabos et vestiaires où les ouvrières puissent se déshabiller sans être sous les regards des hommes qui travaillent avec elles, si les ateliers sont nettoyés tous les jours et aérés, s'ils sont blanchis au moins une fois par an, si les machines dangereuses sont garan-ties, s'il y a des débrayages partout où cela est indispensable, si, comme le prescrit la loi sur les accidents du travail, chaque atelier possède une boîte pharmaceutique, s'il y a de l'eau de source pour que le personnel puisse boire au moins de l'eau à sa soif, s'il ne se dégage pas d'odeurs ou de poussières nuisibles à la santé ; toutes ces choses passent inaperçues pour les inspecteurs. Exemple : dans toutes les maisons de bijouterie or ou doublé, où les femmes sont employées au poli, les patrons disent : « ici on ne polit qu'au gras, c'est-à-dire avec une matière qui entraîne avec elle les poussières nuisibles », mais ils ne disent pas que l'on se sert du rouge à polir à sec et de chaux de Vienne. Dans les ateliers, où l'on fait la couronne mortuaire en métal et les inscriptions, ainsi que dans la ferblanterie et le jouet d'enfants, toutes les soudures sont faites par des jeunes filles et des femmes, l'odeur du sel ammoniac et de l'esprit de sel n'a rien d'excellent pour la constitution. Dans différentes imprimeries l'atelier est en galeries superposées et la clicherie se fait au rez-de-chaussée, ce qui fait que les vapeurs de la fonte montent dans tout l'atelier et viennent intoxiquer petit à petit les travailleurs qui y sont employés. Dans un atelier de bijouterie, les inspecteurs sont déjà passés trois fois à côté d'une batterie de tours à polir, où il y a quatre femmes ou jeunes filles d'employées : à cette batterie il n'y a pas de débrayage et cela tourne à 3.600 tours à la minute. Si une ouvrière se laissait prendre par sa blouse elle monterait au plafond ; ils n'ont rien vu. Dans un atelier de pièces détachées pour cycles, il y a des fraiseuses qui ne sont pas garanties ; on passe sans rien voir. Dans bien des ateliers, les cabinets sont en communication directe avec les locaux où l'on travaille, il faut croire que cela est nécessaire à la santé. Dans les articles d'apprêt pour la bijouterie de deuil, l'estampage, le porte-monnaie et le jouet en métal chez les boutonniers, où presque tout le travail se fait au découpoir par des femmes ou des enfants, les blessures légères sont très fréquentes : coupures, doigts pincés, écrasés ou bien souvent le bout de l'index complètement détaché ; faute de boîte pharmaceutique, c'est une camarade qui fait le pansement de la blessée, on commence par laver la blessure à la fontaine, le plus souvent alimentée en eau de rivière et là-dessus on applique un morceau de linge plus ou moins sale. Quelles sont les conséquences d'un pareil état de choses ? C'est que la moitié de ces accidents entraîne des panaris, tournants, etc. ; bien heureux encore quand la gangrène ne s'y met pas, pour que l'on soit obligé de désarticuler la première phalange du doigt malade. Si pour remédier à ces défauts d'inspection, on porte plainte à l'inspecteur on en obtient bien peu de résultats, car, le plus souvent, l'inspecteur vient demander des renseignements au patron lui-même ou bien aux ouvrières mais devant le patron, ce qui produit presque toujours un résultat négatif.

Les conclusions que l'on peut tirer de cet état de choses sont, que les inspecteurs sont peut-être capables théoriquement, mais pratiquement ils ne voient rien, ils ont pour principe d'appliquer la loi avec le plus de modération possible (quand ils l'appliquent), car étant donné le recrutement du personnel de l'Inspection, s'il y avait trop de procès-verbaux cela ferait surgir des réclamations qui pourraient nuire à l'avancement, étant donné que celles du personnel protégé étant rarement écoutées et qu'il en est tout autrement de celles formulées par les employeurs et appuyées par des personnalités qui ont souvent le bras *très long;* il n'y a, pour se rendre compte de cet état d'esprit, qu'à compulser le rapport des contraventions avec la proportion ridicule des procès-verbaux dressés, bien heureux encore si le Parquet n'y donne pas suite ou ne les égare pas, ou si les Tribunaux ne prononcent pas des condamnations dérisoires. C'est pour toutes ces raisons que Messieurs les Inspecteurs ont toujours une très grande modération et une certaine tendresse pour les plus forts; c'est-à-dire pour Messieurs les Patrons.

TROISIÈME PARTIE

Des moyens d'y remédier.

Dans le rapide exposé qui vient d'être fait des infractions aux lois et de l'inspection du travail, il est évident qu'un pareil état de choses ne peut se continuer et, pour y remédier, il y a lieu d'augmenter le personnel du service de l'inspection et de changer son mode de recrutement, tout à fait défectueux jusqu'à présent. En effet, les inspecteurs ont été recrutés par voie de concours, très élevés comme connaissances théoriques, mais bien faibles comme connaissances pratiques et en tout cas inaccessibles aux travailleurs qui, pourtant, sont les seuls bien placés pour connaître et apprécier les dangers et les inconvénients des ateliers. Il ne suffit pas d'être bachelier ès lettres ou ès sciences, ingénieur ou docteur en médecine pour, de ce fait, avoir les aptitudes nécessaires pour faire un bon inspecteur du travail, car il est permis de croire qu'un homme possédant toute la théorie de la fabrication de la chaussure n'arriverait pas à faire une paire de souliers, de plus, il est à craindre de certaines complaisances de la part du jury d'examen pour des candidats qui sont bien apparentés ou chaudement recommandés, car l'on a peine à comprendre qu'un homme qui a fait ses études soit pour être ingénieur ou docteur en médecine se résigne de gaîté de cœur à postuler une place d'inspecteur du travail : l'on peut en augurer que la plupart, n'ayant pas réussi dans ces professions libérales, retombent dans l'Inspection du Travail, qui devient pour eux la planche de salut suprême, incapables qu'ils seraient de faire autre chose.

Il en serait tout autrement si les inspecteurs du travail étaient recrutés parmi les travailleurs, et la loi du 2 juillet 1890, instituant les délégués de la sécurité des ouvriers mineurs en est une preuve absolue, par les résultats qui ont été obtenus par cette façon de faire. L'on doit néanmoins tenir compte que le travail des mines est une industrie spéciale et que s'il fallait appliquer ce principe, il faudrait demander la nomination d'inspecteurs du travail pour chaque corporation, et la plupart, n'ayant pas l'importance de l'industrie minière. Mais, il pourrait être établi un programme de concours accessible à des ouvriers intelligents, ayant passé de nombreuses années dans les ateliers et en connaissant les besoins et les inconvénients et, puisqu'il est accordé un avantage de droit de 30 points à l'élève diplômé de l'École des Ponts et Chaussées, de l'École supérieure des Mines, aux ingénieurs diplômés des Arts et Manufactures, aux docteurs en médecine, etc., etc., ne pourrait-il pas être accordé également de plein droit aux candidats ouvriers un avantage de 10 points par année de présence dans l'industrie, sans que le maximum de points accordés ne puisse dépasser 150 points ; cela permettrait aux travailleurs de subir les chances du concours et supprimerait cet état d'infériorité qui existe avec les candidats qui sortent des écoles à 25 ans, quand il y a déjà douze ans que les ouvriers sont à l'atelier. D'un autre côté, pour les raisons qui précèdent, il y aurait lieu de reporter la limite d'âge de l'admission au concours de 35 ans à 45 ans, car ce n'est pas à 25 ans qu'un jeune homme a l'expérience nécessaire pour faire un bon inspecteur du travail ; la seule objection que l'on pourrait faire à cette proposition, serait au sujet de la retraite, car tous les employés de l'État ayant droit à la retraite, il faut limiter à 35 ans l'entrée en fonctions, mais il serait possible de faire une retraite proportionnelle aux retenues faites et ce n'est pas une si petite chose qui doit empêcher d'obtenir de si grands résultats pour le bien de toute la classe ouvrière.

CONCLUSIONS

Considérant que l'Inspection du Travail laisse beaucoup à désirer tant au point de vue du nombre des établissements inspectés que de la façon dont cette inspection est faite, la Commission Départementale du Travail du département de la Seine,

Émet le vœu :

1° Que le nombre des Inspecteurs du Travail soit augmenté dans de notables proportions ;

2° Que le service de l'Inspection porte toute son attention sur les petits ateliers et principalement chez les entrepreneurs ;

3° Que le programme pour le poste d'Inspecteur du Travail soit mis à la portée d'ouvriers intelligents et instruits, et que, de plus, on attribue de droit 10 points pour chaque année de présence dans des établissements industriels, sans que le maximum ne puisse dépasser 150 points ;

4° Que la limite d'âge pour l'admission au concours d'Inspecteurs du travail soit portée de 35 à 45 ans, avec la réserve d'une retraite proportionnelle aux retenues opérées, à l'âge de 65 ans.

Le 27 avril 1900.

Le Rapporteur,
Édouard BESOMBES.

M. BESOMBES demande à la Commission de voter l'impression de son rapport.

La discussion est ouverte sur les termes et conclusions de ce rapport.

M. BEZANÇON prend le premier la parole et s'exprime en ces termes :

M. le Rapporteur propose l'impression de son rapport, pour en faciliter la discussion, qui aurait lieu dans notre prochaine séance. En attendant cette discussion, permettez-moi de protester contre les attaques dont les Inspecteurs sont l'objet, et de demander à M. le Rapporteur de vouloir bien supprimer au moins une page de son travail. M. Besombes affirme que les Inspecteurs sont des médecins sans clientèle, des ingénieurs sans travaux, qui sont devenus fonctionnaires parce qu'ils n'auraient pu se créer dans la médecine ou l'industrie des moyens d'existence... S'il était mieux renseigné, il aurait une toute autre opinion. Je connais la plupart des Inspecteurs, et je vous affirme que tous ceux avec lesquels j'ai été en relations sont des hommes instruits, laborieux et dévoués, qui eussent fait leur chemin dans toutes les carrières. L'allégation que je voudrais voir disparaître est injuste. Peut-être un ouvrier nommé Inspecteur pourrait-il, sur certains points de détail, dans l'industrie spéciale où il a travaillé, être mieux éclairé ; mais les connaissances générales des Inspecteurs actuels, en mécanique, en chimie, en médecine, en hygiène, sont précieuses. Grâce à elles, ils peuvent donner (officieusement, bien entendu) des indications utiles aux industriels concernant la ventilation des ateliers, l'absorption des poussières ou la dénaturation des gaz. Je pourrais vous en citer un dont les travaux remarqués ont servi de base aux prescriptions techniques relatives aux surcharges. J'ai parlé uniquement dans l'intérêt de la justice, et parce que M. Laporte, chef hiérarchique de ces inspecteurs, aurait été suspect de partialité en prenant leur défense. J'insiste pour la suppression des attaques contenues dans le rapport de M. Besombes.

M. Laporte remercie M. Bezançon et appuie ses observations. Il dit que les critiques de M. Besombes contre le personnel qu'il dirige sont absolument injustifiées et qu'il est heureux d'avoir entendu M. Bezançon en faire la démonstration concluante. En ce qui concerne l'accession des ouvriers à l'Inspection du Travail, il rappelle qu'il a souvent demandé lui-même que des ouvriers fussent adjoints à l'Inspection officielle. Enfin, quant aux violations de la loi dans certains ateliers, violations que l'Inspection ignore et que M. Besombes dit connaître, pourquoi celui-ci n'en a-t-il jamais avisé les Inspecteurs ? C'est le rôle des Chambres syndicales de signaler les ateliers où la loi est violée ; c'est le devoir des Syndicats ouvriers de se faire, dans l'intérêt des ouvriers, les auxiliaires des agents du Gouvernement.

M. Besombes maintient les termes de son rapport. Il répond à M. Laporte que son argumentation se retourne contre lui, car l'Inspection officielle n'a pas besoin qu'on lui adjoigne des ouvriers pour la renseigner si ses membres sont compétents et si leurs visites sont consciencieuses. Il répète que les Inspecteurs et les Inspectrices ne font pas leur devoir.

M. Mallemont intervient pour demander qu'on s'abstienne, dans cette discussion, de faire des personnalités et qu'on se borne à parler de la façon dont se fait le service d'inspection d'une manière générale.

Mlle Bouvard dit que les Inspectrices reçoivent dans l'après-midi chez elles et que, par conséquent, elles ne peuvent pas faire de visites pendant ce temps. Elle demande à M. Laporte s'il fixe des heures à ses Inspectrices pour faire leurs visites.

M. Laporte répond qu'il n'en fixe pas et qu'il lui est impossible d'en fixer. Il n'a, d'ailleurs, aucune raison de suspecter son personnel.

M. Besombes réplique qu'il ne partage pas cette opinion et que M. Laporte défend un personnel qui n'est pas défendable.

Mlle Bouvard fait connaître que les patrons font cacher leurs apprenties dès que les Inspectrices arrivent. Les places restées vides dans l'atelier devraient dévoiler à celles-ci la supercherie, mais elles n'y prêtent aucune attention et se retirent sans s'être rendu compte de rien.

M. Antourville approuve les termes du rapport. Il soutient que si les Inspecteurs ne voient pas, au cours de leurs visites, tout ce qu'ils pourraient et devraient voir, c'est parce qu'ils sont à la fois trop peu nombreux et incompétents. Il demande qu'on exige des Inspecteurs une compétence spéciale pour chaque industrie qu'ils sont appelés à inspecter.

M. Millet dit que, en effet, la compétence est la première qualité à exiger des Inspecteurs; c'est pourquoi il est d'accord avec

M. Laporte sur l'opportunité d'adjoindre aux Inspecteurs officiels des ouvriers compétents.

M. LAPORTE répond que le nouveau programme du concours pour l'emploi d'Inspecteur départemental du Travail dans l'industrie, qui aura lieu au mois de juin prochain, est beaucoup moins chargé que ceux des concours précédents. De plus, l'avantage de 30 points autrefois concédé aux élèves diplômés des grandes Écoles de l'État, ainsi qu'aux docteurs en médecine, est supprimé. Dans ces conditions, les ouvriers travailleurs et intelligents pourraient très bien prendre part à ce concours ainsi allégé, et même être reçus brillamment.

M. WICKERSHEIMER ramène la discussion sur le rapport de M. Besombes, et demande à celui-ci de supprimer des critiques trop acerbes, formulées en termes peu courtois et qui n'apportent aucune force à ses arguments. Il ajoute que ce rapport a besoin d'être étudié à fond et qu'il sera discuté plus utilement dans la prochaine séance, lorsque tous les membres de la Commission l'auront lu attentivement dans le corps du procès-verbal.

M. BESOMBES répond qu'il ne peut rien changer à la rédaction de son rapport. Il le maintient tel quel, au fond et dans la forme, les faits qu'il a signalés étant rigoureusement exacts et ses appréciations, quelque vives qu'elles soient, restant encore au-dessous de la vérité.

M. BEZANÇON répète que M. Besombes se trompe, car il ne connaît pas les Inspecteurs qu'il a si violemment pris à partie; qu'il les connaît, lui, et qu'il affirme que ce sont des fonctionnaires aussi consciencieux que distingués.

M. MEYER rappelle que c'est un inspecteur qui, comme membre de la Commission des logements insalubres, a pris l'initiative du vœu dont il a été parlé au début de cette séance.

M. GUYOT-SIONNEST insiste auprès de M. Besombes pour qu'il supprime ou modifie la page de son rapport où sont formulées contre le service d'Inspection des critiques peut-être justes, mais qui gagneraient à être présentées sous une forme plus adoucie.

M. Berr fait remarquer que le Rapporteur étant en même temps le président de la présente séance, il serait préférable de discuter le rapport lorsqu'une autre personne présidera.

M. Laporte demande que le rapport soit inséré dans le procès-verbal de la séance avec les observations auxquelles il a donné lieu.

M. Cardet émet l'avis que le rapport aurait dû être l'œuvre d'une Sous-Commission.

M. Antourville dit que, bien que les termes du rapport soient très vifs et très acerbes, il ne faudrait pas en conclure que le Rapporteur professe des sentiments d'animosité systématique vis-à-vis de l'Inspection du Travail.

M. Joffrin dit qu'il comprend les critiques du Rapporteur, mais il estime que ces critiques doivent être courtoises, et il joint ses instance à celles des membres de la Commission qui ont prié M. Besombes de mitiger les termes trop vifs de sa rédaction.

M. Nicolas insiste auprès de M. Besombes pour qu'il consente à présenter ses critiques en termes plus modérés.

M. Besombes s'y refuse et déclare qu'il préfère retirer son rapport si la Commission ne décide pas qu'il sera imprimé tel quel.

L'insertion du rapport dans le procès-verbal de la séance est mise aux voix et prononcée à l'unanimité.

SÉANCE DU 25 MAI 1900.

L'ordre du jour appelle la discussion, au fond, du rapport de M. Besombes sur le Service de l'Inspection du Travail.

M. Laporte propose de mettre aux voix les conclusions du rapport et dit qu'il les approuve et qu'il les votera.

M. WORTH demande à présenter, au préalable, quelques observations.

« Après avoir attentivement écouté, dit-il, et non moins attentivement lu le rapport de M. Besombes, et avant de discuter certaines assertions contenues dans le travail qu'il a, j'en suis convaincu, très consciencieusement établi, je tiens à exprimer l'impression ressentie par moi depuis que j'ai l'honneur de faire partie de la Commission Départementale du Travail. J'ai remarqué qu'une notable partie des membres qui composent cette Commission, lorsqu'ils parlent des ouvriers, les qualifient de « travailleurs », paraissant sous-entendre ainsi que les patrons ne travaillent pas, alors qu'il en est, ai-je besoin de le dire, tout autrement. Tout autant que leurs collaborateurs, ils ont droit à ce titre de « travailleurs », et, pour ma part, je le revendique énergiquement, ne voyant pas l'intérêt qu'il y a à établir ainsi une distinction qui n'existe pas et n'a pas de raison d'être entre gens réunis par une intime communauté d'intérêts et dont les efforts concourent à atteindre un but poursuivi en commun.

» Ceci dit, j'en arrive aux infractions à la loi dont parle M. Besombes. Je suis heureux de constater, sur ses propres affirmations, que ce ne sont pas les grandes maisons, celles que l'on connaît, qui ont pignon sur rue, en un mot, qui n'observent pas la loi, mais bien que ce sont les petits ateliers qui motivent ses observations.

» Plus loin, M. Besombes nous dit : « On admettra difficilement
» qu'un chef d'industrie, occupant un nombreux personnel, courre
» les risques de contraventions pour prolonger de quelques heures
» la durée du travail, lorsqu'il a la facilité d'embaucher du per-
» sonnel pour peu de temps pour satisfaire aux exigences des
« commandes. »

» Ceci est une erreur, d'ailleurs commune à M. Besombes et à M. le Ministre du Commerce. Répondant à la demande d'autorisation que lui adressait dernièrement le Président de la Chambre syndicale de la Couture et de la Confection de prolonger les veillées pendant l'Exposition, le Ministre, lui aussi, engageait les patrons à faire embaucher un personnel supplémentaire.

» Or, cette faculté d'embauchage n'existe pas.

» L'erreur contre laquelle je m'élève consiste à croire que ce personnel supplémentaire peut facilement se recruter, alors qu'en réalité il fait défaut.

» Il peut être exact qu'il y ait dans Paris un grand nombre d'ouvrières capables de tirer l'aiguille et de confectionner un travail ordinaire ; mais l'industrie de la couture, essentiellement parisienne, c'est-à-dire ne s'exerçant véritablement qu'à Paris, ne saurait recruter ses ouvrières que dans une élite. Notez que je ne parle pas des fabriques de vêtements en gros et à bas prix, mais des articles dits de luxe, qui sont pour notre ville une source de grosses affaires, et dont la fabrication nécessite les dérogations à la loi autorisées par les décrets d'administration publique.

» Ces travaux spéciaux sont exécutés, je le répète, par un personnel forcément restreint constituant l'élite dont je viens de parler, partant peu nombreuse, et dont le talent et le goût assurent à l'industrie parisienne une supériorité réelle et incontestée.

» Et cela est, d'ailleurs, si incontestable, qu'il vous suffira, Messieurs, de vous rendre à l'Exposition actuellement ouverte pour que vous rapportiez l'absolue conviction de cette supériorité constatée par l'absence complète de toute concurrence étrangère.

» Il résulte de ceci que lorsque ces ouvrières sont occupées on ne peut, pour exécuter des travaux analogues à ceux qui les retiennent, et dont nous nous réclamons, faire appel à leurs collègues moins habiles, qui ne produiraient pas un travail équivalent.

» L'industrie qui nous intéresse se trouve alors dans une situation comparable à celle que j'ai, hélas ! personnellement connue en installant la classe 85, lorsque j'ai dû recourir aux ouvriers sculpteurs-staffeurs. Ceux-ci, bien que nombreux en France, n'arrivaient pas à suffire ; on en demanda en Suisse, en Italie, en Belgique, en Allemagne et jusque dans un rayon de 200 lieues de la France ; de toutes parts il en vint, et cependant on en manqua, rien ne fut terminé en temps, bien que les staffeurs travaillassent chaque jour pendant un nombre d'heures bien supérieur à la moyenne.

» Comme dernier argument, et pour vous prouver combien il est impossible d'embaucher, comme le voudrait M. Besombes, du personnel, je me déclare prêt à prendre immédiatement cinquante ouvrières, qu'il aura l'obligeance de m'envoyer, à la condition qu'elles soient capables d'exécuter le travail que j'ai à leur confier en ce moment.

« Une autre objection, Messieurs, s'élève encore, qui est celle-ci : en admettant même qu'il soit possible d'arriver à doubler le nombre des ouvrières, on ne peut pas, en même temps, doubler le nombre des maîtresses d'ateliers chargées de les diriger.

» Celles-ci, par suite des qualités professionnelles acquises, sont rares, et le recrutement de ces ouvrières de premier ordre est des plus difficiles pour ne pas dire même impossible au moment où le travail est dans son plein. Et pourtant ceci sera la conséquence de cela, car si une première d'atelier peut, à la rigueur, diriger le travail de quarante ou cinquante personnes, elle ne pourra étendre sa direction qui, je dois le dire encore, a son côté artistique, par cela même, difficile, à un nombre indéterminé de collaboratrices. Son action, pour être efficace, ne peut, étant donnée la multiplicité des détails à surveiller, s'exercer sur un nombre d'ouvrières supérieur à celui indiqué ci-dessus.

» M. le Rapporteur ajoute, quelques lignes plus bas, que les ouvrières n'osent pas refuser de travailler au delà de la journée légale dans la crainte de perdre leur travail. La réponse, en présence de ce que je viens de vous dire est facile : les ouvrières ne craignent pas de perdre leur place parce qu'elles savent que le patron a besoin d'elles, et celui-ci les renverrait-il, qu'elles seraient immédiatement prises ailleurs.

» Dans ces conditions la question se pose ainsi : Faudra-t-il refuser les commandes pressées qui, alors, dans bien des cas, seront conservées à l'étranger ? ou devra-t-on, dans la plus large mesure, autoriser les chefs d'industrie à user de la tolérance qu'accorde la loi, loi que les patrons, je suis heureux de le reconnaître avec M. Besombes, sont les premiers à observer.

» Le Rapporteur cite le cas d'une maison de broderie qui a fait travailler pendant trente-cinq heures de suite, dit-il, pour exécuter un manteau de Cour, et il ajoute : « Quel honneur pour ces pauvres » filles ! »

» Bien que M. Besombes nous ait dit qu'il ne changerait pas une virgule à son rapport, je crois me souvenir qu'il nous a appris que ce manteau était pour la reine d'Espagne — ceci ne figure pas au procès-verbal.

» Eh bien, Messieurs, si je laisse de côté ce qui concerne l'inobservation de la loi, phrase à laquelle M. l'Inspecteur divisionnaire du

2

Travail répondra, s'il le juge à propos, je ne puis m'empêcher de relever ceci : « Quel honneur pour ces pauvres filles » et de répondre à M. le Rapporteur qu'en tous cas, s'il n'y a pas honneur il y a profit, ce qui est bien quelque chose. Puisque dans l'état actuel de la société il nous faut travailler pour vivre, et puisque les brodeuses dont il s'agit n'exercent très certainement pas leur métier uniquement pour se distraire, il est fort heureux que les étrangères ou autres, reines ou non, leur fournissent les moyens de gagner leur vie.

» J'ajouterai que je trouve qu'il y a incontestablement un honneur à exécuter de pareils travaux.

» Les confier à nos compatriotes constitue un hommage rendu à leur talent, à leur goût, à leur habileté.

» N'est-il pas évident, en effet, que si une brodeuse madrilène avait été à même de faire le manteau en question, ce n'est pas à Paris que la reine d'Espagne l'eût commandé, mais à Madrid, au détriment de notre industrie et, par conséquent, de nos ouvrières elles-mêmes, sans compter la fâcheuse répercussion que cette inexécution de commande eût entraînée dans toutes les industries textiles où s'approvisionne la nôtre ?

» Page 17, je lis : « Il a été constaté chez cette patronne, dans le » courant de l'année 1899, plus de cinquante infractions à la loi » de 1892. » Ceci, n'est-il pas vrai, Messieurs, est inconciliable avec l'affirmation de M. Besombes qui nous dit que le service de l'inspection ne se fait pas.

» Je m'élève également contre ce que je lis encore page 17 : Que devant l'objection d'entrepreneurs qu'en se mettant en contravention elles risqueraient de se voir dresser un procès-verbal, il leur serait répondu par des patrons « de n'avoir à s'occuper de rien et qu'en » cas d'amende ils paieraient ».

» Je ne crois pas que M. Besombes ait personnellement entendu ce propos et je ne connais aucun patron, digne de ce nom, qui ne s'incline devant les prescriptions légales et ne tienne absolument à s'y conformer.

» Pour ce qui est du surmenage en général, permettez-moi, afin de vous fixer par d'autres considérations que celles de sentiment, de vous dire que j'ai l'honneur d'avoir dans mes ateliers — je suis bien à regret obligé de parler de moi — dix ouvrières titulaires de la médaille du Gouvernement qui ne s'accorde qu'après trente années de séjour ininterrompu dans la même maison. J'en ai, en outre, un grand nombre qui comptent de vingt à trente ans de services et j'ai la satisfaction de pouvoir vous affirmer que je n'en ai encore vu aucun mourir à la peine, ce qui semblerait indiquer que le tableau qui vous a été présenté est quelque peu poussé au noir.

» M. Besombes, en terminant cette première partie de son rapport, renouvelle, et j'en éprouve une vive satisfaction, sa première déclaration que ce serait dans les petits ateliers que se produiraient les plus fréquentes infractions à la loi — je ne puis que m'associer au désir qu'il exprime de les voir cesser.

» Plus loin, il émet le vœu de voir recruter les Inspecteurs du Travail parmi les travailleurs. J'admets très volontiers que l'on s'adresse aux ouvriers pour former une partie du personnel de l'Inspection, et je suis encore plus d'avis que la limite d'âge de l'admission au concours soit reportée de 35 à 45 ans, estimant que l'expérience acquise par l'Inspecteur se sera accrue avec l'âge et que son contrôle se produira dans des conditions d'équité d'autant plus grandes qu'il sera plus à même de connaître et d'apprécier les nécessités de l'industrie sur laquelle doit s'exercer ce contrôle. Mais il y aurait lieu de s'opposer absolument à ce qu'ils fussent fonctionnaires et en même temps ouvriers. Il se produirait, en ce cas, dans les ateliers, une dualité de direction, inconciliable avec toute espèce d'exploitation industrielle ou commerciale.

» En terminant et en m'excusant d'avoir si longtemps retenu votre attention, je vous propose, Messieurs, de vous associer aux conclusions du rapport de M. Besombes, sauf, toutefois, en ce qui concerne les points sur lesquels je viens d'avoir l'honneur de vous présenter les observations qui précèdent et en faisant des réserves sur le paragraphe premier.

» J'ignore en effet, au moment où je parle, s'il est possible ou nécessaire d'augmenter le nombre des Inspecteurs du Travail. »

M. Besombes répond. Il comprend les critiques de M. Worth contre son rapport, mais il ajoute qu'il a jugé utile de citer un cas particulier pour l'invoquer à l'appui de ses conclusions générales. C'est ce que M. Worth n'a pas paru comprendre. Il n'a pas dit que dans les grandes maisons de couture, il se commet des abus, par la raison qu'il n'en sait rien ; mais il affirme que tous les faits avancés dans son rapport ont été relevés par des personnes dignes de foi, que leur exactitude ne saurait être mise en doute, et que nombre de petits ateliers n'ont jamais été visités par l'Inspection et sont même inconnus d'elle. C'est là surtout, plutôt que dans les grandes maisons, que se commettent les abus qui lui ont été signalés ; c'est là qu'on fait faire, à de pauvres jeunes filles, jusqu'à trente-cinq heures de travail consécutif, sans honneur et sans profit quoi qu'en pense M. Worth, car il n'y a pas plus d'honneur à travailler pour une reine que pour toute autre personne, et aucun profit à ruiner sa santé.

Lorsqu'un travail est pressé, voici comment les choses se passent : On commande d'abord le dessin à un brodeur qui l'exécute à loisir, sans se hâter et le livre un jour ou deux seulement, avant le jour fixé pour la livraison du travail définitif. On n'ose rien dire au brodeur, mais on presse l'entrepreneuse, qui est obligée, pour ne pas perdre la clientèle du grand couturier et pour que celui-ci ne manque pas à ses engagements, de faire travailler ses ouvrières. jour et nuit, quelquefois pendant trente-cinq heures, sans autre repos que celui des repas.

On dira que ces ouvrières ne travaillent pas malgré elles et que c'est de leur propre consentement qu'on les surmène ainsi. Mais cette raison n'a aucune valeur, le législateur ayant fait une loi pour protéger les travailleurs même malgré eux.

En ce qui concerne la difficulté de recruter des ouvrières habiles, des ouvrières de talent comme les a appelées M. Worth, cette difficulté ne me paraît pas bien réelle puisque les patrons ne s'attachent pas toujours des ouvrières à poste fixe et qu'ils n'hésitent pas à congédier celles dont ils n'ont plus besoin, lorsque le travail se ralentit.

Enfin, M. Besombes est d'avis qu'il n'y aurait aucune dualité à craindre entre Inspectrices et ouvrières dans le cas où l'on permettrait à ces dernières de prendre part au concours pour l'admission à l'emploi d'Inspectrice du Travail dans l'Industrie. Les Inspectrices, dès qu'elles serait nommées, cesseraient d'être ouvrières.

M. WICKERSHEIMER s'élève contre le § 3 des conclusions de M. Besombes. Il dit qu'il ne doit exister de points de faveur pour personne et que les points attribués aux docteurs en médecine et aux élèves diplômés des grandes Écoles de l'État ayant été supprimés, on ne doit pas les rétablir pour les candidats ouvriers. Il demande l'égalité pour tous les candidats et la suppression des points accordés par le § 3.

M. Guyot-Sionnest craint que le recrutement des Inspecteurs du Travail, tel qu'il est proposé par M. Besombes, ne porte une dangereuse atteinte à l'impartialité et à la neutralité que doivent observer ces fonctionnaires. En matière générale, on peut s'en rapporter à la police ordinaire, mais dans des matières aussi spéciales que le commerce et l'industrie, il est indispensable d'avoir des corps de contrôle spéciaux conservant une attitude absolument neutre et agissant avec la plus grande réserve. Le corps de l'Inspection, recruté d'une certaine façon, peut devenir un instrument de tyrannie non seulement contre les patrons, mais aussi contre les ouvriers. Il faut prendre des mesures pour garantir l'absolue neutralité de cette institution. Il admet que les Inspecteurs soient pris aussi bien dans la classe patronale que dans la classe ouvrière ; mais une fois nommés, ces fonctionnaires doivent être tous égaux et aucune distinction ne doit être établie entre ceux qui étaient patrons et ceux qui étaient ouvriers.

M. Mallemont dit que certaines inspections ne peuvent être faites que par des personnes possédant des connaissances spéciales et même une capacité supérieure dans certaines branches de l'industrie. Il demande en conséquence qu'il soit créé des Inspecteurs spéciaux pour certaines industries déterminées.

M. Laporte combat la proposition de M. Mallemont, qu'il déclare antidémocratique. Tous les Inspecteurs subissent et doivent continuer à subir le même concours. Ils ne doivent pas être divisés en classes et doivent être traités sur un pied d'égalité. Il est partisan, non pas d'adjoindre aux Inspecteurs officiels des auxiliaires ouvriers, mais d'ouvrir toutes grandes à l'élément ouvrier les portes de l'Inspection du Travail et de demander à tous les candidats, ouvriers ou non, la même valeur intellectuelle et morale. Le vœu exprimé par M. Besombes dans le § 3 de ses conclusions vient, d'ailleurs, de recevoir un commencement d'exécution, en ce sens que le programme du Concours pour l'admission au poste d'Inspecteur du

Travail vient d'être sensiblement allégé dans sa partie scientifique et que les points de faveur ont été supprimés.

M. Besombes dit que, depuis huit ans, ce sont les fils de famille qui pratiquent l'Inspection et qui la pratiquent mal. Il assure que si on la confiait, pendant huit autres années, à des ouvriers, on serait obligé de reconnaître qu'elle fonctionne mieux.

Au sujet du nombre de points de faveur qu'il voudrait voir attribuer aux candidats ouvriers, il dit que cet avantage est indispensable si l'on veut sérieusement leur rendre le concours accessible. Le programme tel qu'il vient d'être allégé, est encore au-dessus des capacités d'un ouvrier intelligent. Si l'on repousse les points de faveur, il faudrait, à titre de compensation, introduire dans le programme des éléments pratiques à côté de la théorie pure.

La discussion générale est close.

M. le Président donne lecture de l'article 1er des conclusions du rapport de M. Besombes et demande à M. Laporte s'il considère comme suffisant le nombre d'Inspecteurs et d'Inspectrices placés sous ses ordres.

M. Laporte répond que ce nombre, qui est actuellement de trente, est tout à fait insuffisant pour assurer un contrôle efficace ; avec le régime actuel, on ne peut visiter les ateliers qu'une fois tous les dix-huit mois.

M. Heppenheimer trouve que le mot « notable » employé par M. Besombes est trop vague et demande à la Commission de fixer un chiffre.

M. Landrin estime que la Commission manque d'éléments d'appréciation pour indiquer ce chiffre.

M. Heppenheimer en convient, mais il voudrait qu'on indiquât au moins qu'il y aura un nombre suffisant d'Inspecteurs et d'Inspectrices pour que tous les ateliers soient visités une fois tous les trois mois.

M. Besombes prie la Commission d'apporter sa rédaction en intercalant seulement après le mot « Inspecteurs », les mots « et Inspectrices ».

M. LE PRÉSIDENT met aux voix la rédaction ainsi modifiée :

1° « Que le nombre des Inspecteurs et Inspectrices du Travail soit augmenté dans de notables proportions. »

Ce texte est adopté à l'unanimité.

Sur l'article 2, M. HEPPENHEIMER demande qu'on ajoute les mots « en général » après les mots « sur les petits ateliers ».

M. WALCKENAER propose de dire « les petits ateliers quels qu'ils soient », et d'ajouter les mots « à façon » à la fin de l'article.

La proposition de M. Walckenaer, à laquelle se rallient MM. Heppenheimer et Besombes, est adoptée à l'unanimité.

En conséquence, le texte de l'article est ainsi arrêté :

2° « Que le Service de l'Inspection porte toute son attention sur les petits ateliers quels qu'ils soient et principalement chez les entrepreneurs à façon. »

Sur l'article 3, M. MOULIN demande qu'on substitue le mot « travailleur » au mot « ouvrier ».

M. BESOMBES défend son texte et dit que le terme « ouvrier » est celui qui convient le mieux dans la circonstance.

M. WICKERSHEIMER estime qu'on spécialisera trop l'Inspection et qu'on en réduira la portée et la généralité, en accordant une avance trop grande aux candidats ouvriers. Il demande qu'on n'accorde de faveur à personne et que tous les candidats aient des droits égaux.

M. WORTH demande qu'on tranche la question des points de faveur en attribuant aux candidats ouvriers un nombre de points proportionnel au nombre d'années passées dans une même maison.

M. BESOMBES proteste contre cette proposition et dit que les meilleurs ouvriers, les plus habiles et les plus compétents, sont ceux qui ont passé par le plus grand nombre d'ateliers.

M. CARDET dépose une contre-proposition tendant à ce que les Inspecteurs et les Inspectrices du Travail soient élus, au suffrage uni-

versel, par les patrons et les ouvriers, comme les Conseillers-Prud'-
hommes.

M. LANDRIN dit que cette proposition est déjà ancienne; qu'elle a
été adoptée dans plusieurs Congrès ouvriers et transmise aux Pou-
voirs publics, mais qu'elle n'a jamais été prise en considération et
que, même aujourd'hui, elle a peu de chances d'aboutir. Il est préférable de voter la proposition de M. Besombes, qui constitue une
réelle amélioration du régime existant et dont on peut espérer la mise
en pratique dans un délai peu éloigné.

M. HEPPENHEIMER déclare se rallier à la proposition de M. Cardet.
Il soutient que c'est le seul moyen, pour les ouvriers qui n'ont reçu,
comme lui, qu'une instruction des plus élémentaires, d'obtenir
l'accès à l'Inspection du Travail.

M. BESOMBES défend sa proposition et, reprenant les arguments
déjà développés par M. Landrin, prie la Commission de s'en tenir
aux réformes possibles et actuellement réalisables, alors même que
ces réformes ne répondraient pas complètement aux revendications
de la classe ouvrière. Il faut demander ce qu'il est possible d'obtenir
aujourd'hui ; on demandera plus tard davantage avec plus de chances
de succès.

M. CARDET retire son contre-projet.

M. HEPPENHEIMER déclare qu'il le reprend pour son compte personnel.

M. LE PRÉSIDENT met aux voix l'article 3 des Conclusions de
M. Besombes.

M. JOFFRIN demande le vote par division, et prie la Commission
de se prononcer d'abord sur le principe des points de faveur à
attribuer aux candidats ouvriers.

Par 13 voix contre 7 et 7 abstentions, ce principe est adopté.

Il est ensuite décidé qu'on n'indiquera pas le nombre des points
à accorder et que le texte de l'article 3 sera libellé ainsi qu'il suit :

« 3° Que le programme pour le poste d'Inspecteur du Travail soit mis à la portée des ouvriers intelligents et instruits et que, de plus, on attribue un certain nombre de points pour chaque année de présence dans des établissements industriels. »

L'article 4 est adopté, à l'unanimité, sans modification.

M. Heppenheimer, reprenant le contre-projet de M. Cardel, demande à la Commission de voter, à titre d'article additionnel aux quatre articles des Conclusions du rapport de M. Besombes, le vœu suivant :

« Subsidiairement,
» La Commission émet le vœu :
» Qu'une loi permette, dans le plus bref délai, le recrutement des Inspecteurs du Travail par l'électorat. »

M. Worth combat cette addition.

M. Landrin dit qu'on pourrait admettre l'électorat, mais à la condition qu'on imposât un examen préalable de capacité aux candidats.

M. Heppenheimer se rallie à cette opinon et ajoute au texte de son vœu les mots : « après examen ».

Ainsi complété, le vœu est mis aux voix et adopté.

SÉANCE DU 22 FÉVRIER 1901.

Mlle Bouvard demande à la Commission d'émettre un vœu en faveur de sa proposition tendant à imposer à tous les industriels l'obligation de mettre des réfectoires à la disposition de leur personnel.

M. Antourville dit qu'il est hostile à cette proposition. Si elle était adoptée, les industriels en profiteraient pour contourner la loi et pour garder leurs ouvriers pendant quatorze heures dans l'usine.

M{ᵉˡˡᵉ} Bouvard objecte qu'elle se place exclusivement au point de vue de l'intérêt des femmes. Repousser sa proposition serait faire tort aux ouvrières dont la plupart viennent de très loin à leur atelier et n'ont pas le moyen de prélever sur leur maigre salaire une somme relativement importante pour aller manger au restaurant.

M. Heppenheimer dit que c'est un devoir pénible, mais inéluctable que de protéger l'ouvrier contre lui-même. Or, le repas pris à l'atelier compromet la santé de l'ouvrier dont il diminue les forces. L'orateur en a fait l'expérience personnelle. Il n'ignore pas que certaines ouvrières ne peuvent pas faire, pour leur repas, une dépense supplémentaire si minime soit-elle ; mais pour quelle raison, si ce n'est parce que leurs salaires sont trop bas ? Que les patrons les relèvent, et cette raison disparaîtra. Il faut donc toujours et sans cesse lutter pour le relèvement des salaires ; il faut s'opposer énergiquement à ce que les ouvriers et les ouvrières soit rivés sur place et n'aient pas au moins, dans leur journée de travail, une heure de liberté pour respirer.

M{ᵉˡˡᵉ} Bouvard dit qu'il y a encore un autre motif des plus sérieux pour que l'ouvrière prenne ses repas dans un local spécial chez son patron. Il s'agit de sauvegarder sa moralité et de la soustraire aux entraînements de la rue.

M. Antourville ne partage pas la manière de voir de M{ᵉˡˡᵉ} Bouvard. C'est une erreur de croire qu'il y aurait économie pour l'ouvrière à prendre ses repas chez son patron, puisqu'elle ne pourrait prendre l'air, que ses forces s'en ressentiraient et que de la diminution des forces résulterait une diminution corrélative dans la production et dans le salaire. En ce qui concerne l'entraînement de la rue, il n'est pas si dangereux qu'on le prétend et, en tout cas, il l'est bien moins que celui de l'atelier, surtout des ateliers mixtes, où les hommes et les femmes vivent du matin au soir dans une promiscuité qui favorise le développement de familiarités et d'intimités presque impossibles à réaliser dans la rue. Enfin, il faut éviter que l'industriel soit tenté de se servir de ses ouvriers pendant les heures de repas. Il faut que le repos accordé pour le repas soit complet et, pour arriver à ce but, il importe que l'heure de repos soit passée en dehors de l'atelier.

M. Roger LAMBELIN appuie le projet de vœu dont Mlle Bouvard a pris l'initiative. Il n'entend en aucune façon qu'on cherche à retenir aux heures des repas les ouvriers et ouvrières dans les établissements où ils travaillent ; mais quand c'est une nécessité professionnelle ou une habitude librement consentie, il estime que les chefs d'industrie devraient être tenus d'installer des réfectoires.

Il y a une quinzaine d'années, les soldats mangeaient encore dans les chambrées, et ce fut une excellente mesure d'hygiène et de propreté quand chaque compagnie put disposer dans la caserne d'une salle à manger.

Les ouvriers devraient pouvoir obtenir de ceux qui les emploient un *confort* analogue.

Le vœu pourrait ainsi se formuler : Les industriels dont les ouvriers et employés sont généralement astreints à prendre leurs repas à l'intérieur de leurs établissements, seront tenus d'installer des réfectoires dans des locaux spéciaux. »

M. Édouard BESOMBES fait remarquer que la loi contient déjà une disposition analogue, puisqu'elle interdit les repas dans les ateliers ni dans aucun local affecté au travail. On ne peut qu'émettre un vœu pour que la loi soit appliquée.

M. MALLEMONT estime, lui aussi, qu'on doit se borner à faire respecter la loi et qu'il faut laisser aux patrons la liberté d'avoir un réfectoire ou de n'en pas avoir.

Mlle BOUVARD insiste pour l'adoption de sa proposition. Il faudrait exiger des patrons qu'ils aient une salle à manger spéciale, sinon on verra un grand nombre d'ouvrières, ne gagnant pas assez pour aller au restaurant, manger dans la rue par tous les temps au grand détriment de leur santé et de leur moralité.

M. MALLEMONT dit que pour que le vœu de Mlle Bouvard ne fût pas platonique, il devrait comporter l'obligation et non la faculté pour le patron d'avoir un réfectoire. Or, ce ne serait réalisable que dans la grande industrie ; les petits patrons qui ne peuvent payer de gros loyers et qui ne disposent que de locaux restreints, seraient dans l'impossibilité matérielle de se soumettre à cette obligation. Le vœu n'aurait donc aucune portée.

M. Walckenaer expose qu'en interdisant le repas dans l'atelier, le décret de 1894 laisse l'alternative soit du repas au dehors, soit du repas dans l'établissement, pourvu qu'il ait lieu dans un local distinct de l'atelier. Ajouter que les patrons devront mettre des réfectoires à la disposition des ouvriers, s'ils n'envoient pas ceux-ci manger au dehors, ce serait sans grand effet, puisque le patron qui ne voudrait pas fournir de réfectoire, resterait maître de dire : « Que mes ouvriers aillent manger au dehors. » Ce qu'il paraît y avoir au fond des observations de Mᴵˡᵉ Bouvard, et ce qui est digne, à coup sûr, de la plus sérieuse attention, c'est la crainte que l'interdiction du repas dans l'atelier, si l'on y tient la main partout, dès mainte-nant et sans ménagement, n'amène dans quelques ateliers de femmes des résultats plus fâcheux qu'utiles ; c'est la crainte que des jeunes filles, obligées de sortir dans la rue et de s'abriter, pour prendre leur repas, dans des cabarets à bon marché, ne se trouvent exposées à des dangers moraux ou matériels plus redoutables que les inconvénients du *modus vivendi* actuel. L'observation a une valeur considérable, et il en résulte que l'insertion, dans le ques-tionnaire, de la question relative aux repas serait une mauvaise chose, si elle devait conduire l'Inspection du travail à montrer, en cette matière, des rigueurs inopportunes.

M. Édouard Besombes prie Mᴵˡᵉ Bouvard de considérer que sa pro-position ne vise qu'une question d'espèce, car elle ne pourrait guère s'appliquer qu'à Paris. Or, on ne peut pas faire une loi spéciale pour Paris, il faut faire une loi générale pour toute la France. Il lui demande si elle maintient néanmoins son projet de vœu.

Mᴵˡᵉ Bouvard déclare qu'elle le maintient.

M. Laporte fait remarquer que certains membres demandent d'exiger un local spécial pour les repas ; d'autres, au contraire, sont d'avis que ce local doit être facultatif. Il s'agirait de se mettre d'ac-cord si l'on émet un vœu.

M. Édouard Besombes demande que l'Inspection applique intégra-lement et rigoureusement la loi.

M. Laporte dit qu'il lui paraît difficile d'imposer aux petits patrons, dont la place est mesurée, des obligations qu'ils ne pourraient pas remplir. D'autre part, on ne peut pas permettre aux patrons de laisser manger leurs ouvrières dans l'atelier, car celles-ci ne voudraient pas ouvrir les fenêtres et on ne pourrait pas aérer.

M. Roger Lambelin déclare qu'après les observations échangées au cours de la discussion, il ne maintient pas son projet de vœu qui ne donne pas complètement satisfaction aux idées émises par Mlle Bouvard et parait faire double emploi avec les dispositions de la loi.

Il fait remarquer, toutefois, que, dans un certain nombre de maisons, les ouvriers prennent leur repas dans des corridors obscurs ou sur des paliers d'escaliers exposés aux courants d'airs. Les prescriptions de la loi sont observées puisqu'on ne mange pas dans les ateliers, mais celles de l'hygiène ne le sont pas, et l'installation d'un modeste réfectoire serait, en pareil cas, fort utile.

Mlle Bouvard retire également sa proposition.

SÉANCE DU 22 MARS 1901.

L'ordre du jour appelle la discussion du rapport de Mlles Bouvard et Jusselin sur les causes et les circonstances de la grève des tailleurs pour dames et des couturières.

Mlle Jusselin donne lecture de ce document qui est ainsi conçu :

« Messieurs,

» Chargées par la Commission départementale de lui présenter un rapport sur la grève des ouvrières et ouvriers tailleurs pour dames et couturières, nous avons rassemblé le plus exactement possible tous les renseignements se rapportant à cette grève.

» La grève a débuté dans quelques maisons et bientôt un grand nombre d'autres suivirent, à la suite de réclamations des ouvriers demandant la suppression du travail aux pièces et son remplacement par un salaire fixe de 10 francs pour une journée de huit heures de travail.

» En effet, d'après le témoignage de nombreux ouvriers, le travail aux pièces n'est suffisamment rétribué que pour les ouvriers assez habiles pour exécuter rapidement le travail, tandis qu'il est trop peu payé pour que le plus grand nombre puisse y gagner sa vie. Le travail à la journée aurait donc l'avantage de permettre à tous de gagner leur vie en travaillant.

» Les réunions à la Bourse du Travail ont toujours été suivies par un grand nombre de grévistes qui venaient entendre les communications du Comité de la grève chargé d'aller présenter aux patrons leurs revendications, et qui apportait chaque jour quelques améliorations que certaines maisons proposaient aux ouvriers. Les grévistes, non satisfaits de ces concessions, résolurent de déclarer la grève générale et firent appel aux ouvriers appiéceurs et aux ouvrières couturières travaillant avec eux. Les ouvrières qui étaient déjà très nombreuses dès le début sont venues en très grand nombre, ayant elles-mêmes beaucoup à demander pour l'amélioration de leur situation, tant à cause de l'hygiène que des salaires et de la durée du travail.

» Les revendications des ouvrières étaient celles-ci : 6 francs par jour pour les premières mains et 4 fr. 50 c. pour les secondes mains, et la suppression complète de la tolérance que la loi accorde pour les veillées. Et nous aimons à dire que leurs revendications étaient aussi *justes* que *modérées*. Mais si la grève a cessé sans que les grévistes aient obtenu complète satisfaction, c'est à cause des manœuvres des patrons qui, pour empêcher les ouvrières de se trouver en contact avec les grévistes, leur faisaient prendre leur repas à l'atelier, certains même le leur fournissaient, et leur ont donné une augmentation de 25 et 50 centimes par jour pour qu'elles consentent à ne pas quitter le travail.

» Cependant leur situation reste aussi pénible, surtout au point de vue des veillées.

» En effet, grâce à la tolérance que la loi accorde aux patrons de faire faire des heures supplémentaires à leurs ouvrières, le contrôle est absolument impossible, et celles-ci sont à la merci de leurs patrons dont le plus grand nombre n'observe pas la loi.

» Les Inspectrices ont elles-mêmes déclaré qu'avec le système de tolérance des heures supplémentaires le contrôle était illusoire et que la loi de protection n'était pas observée.

» Actuellement les patrons font ce qu'il veulent, ce que leur intérêt leur commande, sans se soucier de la santé de leurs ouvrières.

» La somme de travail qui leur est demandée dépasse les forces de beaucoup d'entre elles ; combien, après un effort de quelques années, deviennent anémiques et incapables de continuer leur métier. Ces longues heures de travail assidu dans des ateliers trop restreints, où l'air devient vite irrespirable, ne peuvent qu'amener la déchéance physique, quand elles n'amènent pas la déchéance morale.

» En effet, ces pauvres ouvrières, dont la journée normale doit finir à huit heures, aiment mieux rester sans manger que de profiter du quart d'heure qu'on leur accorde pour aller chez le petit restaurateur, ou marchand de vin, y prendre un maigre repas qui leur coûterait plus que le produit des heures supplémentaires.

» Au point de vue moral il y a encore plus à dire.

» Si ces ouvrières sont jeunes filles, elles échappent à la surveillance de leurs parents et sont exposées au danger de la rue.

» Si elles sont mères de famille, elles ne peuvent arriver chez elles en temps voulu pour le repas des enfants et du mari, dont la journée finit généralement à 7 heures du soir. Ces arrivées à des heures irrégulières amènent le désarroi dans la famille ; même en quittant le travail à 8 heures du soir, ces ouvrières, qui demeurent naturellement dans les quartiers éloignés du centre où sont installées toutes les grandes maisons de couture, ne peuvent être rentrées dans leurs familles que vers 9 heures du soir, ce qui est déjà trop tard.

» Les patrons diront que leur genre d'industrie est sujet à des efforts de travail aux commencements des saisons, époques auxquelles leur clientèle veut être servie promptement.

» Est-ce que onze heures de travail assidu, fatigant pour la vue, dans des ateliers situés très souvent dans des sous-sols ou dans des pièces où sont entassées un trop grand nombre d'ouvrières, ne seraient pas bien suffisant ?

« Le seul inconvénient qui pourrait résulter pour les patrons de cette réduction à onze heures de travail effectif, ce serait l'obligation pour eux d'augmenter un peu leurs locaux. Mais, est-ce bien sûr ? Ne peut-on supposer, avec juste raison, que leurs ouvrières, moins surmenées, rempliraient leur tâche avec plus de force et de courage ?

» Les patrons prétendront aussi que beaucoup d'ouvrières sont heureuses de faire des heures supplémentaires.

» Oui, c'est vrai. Il y a certainement des ouvrières chargées de famille, ou ayant longtemps chômé, désireuses d'augmenter leur maigre salaire et ne comprenant pas le danger auquel elles sont exposées par le surmenage d'un travail trop prolongé, qui acceptent volontiers de faire des veillées, au risque de ruiner leur santé.

» Doit-on accepter le raisonnement et le sacrifice de ces malheureuses?

» Je ne le crois pas.

» Je terminerai en proposant à la Commission départementale d'émettre un vœu pour la suppression absolue de la tolérance que la loi accorde pour le travail de nuit et l'interdiction du travail dans les sous-sols.

» C. JUSSELIN.
» Stéphanie BOUVARD. »

M. BRARD appuie le projet de vœu. La prison de Fresnes, dit-il, et c'est pénible à constater, est un séjour moins triste et plus sain « qu'un grand nombre d'ateliers parisiens ». Il faut procéder à des visites spéciales de tous ces ateliers, principalement de ceux qui sont installés dans des sous-sols où les ouvriers et ouvrières sont parqués comme des bêtes de somme et où l'hygiène et l'aération font complètement défaut.

M. DAGOURY fait remarquer que le vœu se divise en deux parties : la première a trait à l'hygiène des ouvrières et au cube d'air qu'il y a lieu d'exiger dans chaque atelier. Tout le monde sera d'accord pour reconnaître le bien fondé de cette revendication et il s'empressera de la voter. Mais la deuxième partie qui vise l'interdiction des veillées, alors même que les ouvrières consentiraient à accomplir ce travail supplémentaire, constitue une atteinte à la liberté des ouvrières. Elle ne lui paraît pas admissible et il ne pourra pas la voter. Il demande, en conséquence, qu'il soit procédé au vote par division.

M. HEPPENHEIMER n'est pas de cet avis. Il croit qu'on doit voter dans leur intégralité les conclusions du rapport parce qu'il est nécessaire, ainsi qu'il l'a déjà démontré à plusieurs reprises, de défendre les intérêts des ouvriers contre eux-mêmes. Si la femme qui accepte de veiller est une mère de famille, son mari n'aura pas le courage d'attendre son retour dans un foyer vide. Il préférera se rendre au cabaret où il jouera et boira pendant que sa femme épuisera sa santé à travailler. Les enfants resteront seuls sans surveillance et souvent sans nourriture. La moralité du foyer domestique s'en ressentira. Le mari versera dans l'alcoolisme; les enfants n'auront aucune éducation. Il est absolument indispensable que la femme reste au foyer pour y retenir sa famille.

M. Duval-Arnould constate que tout le monde est d'accord sur la question d'hygiène des ateliers. Mais cette partie du vœu serait peut-être inutile si l'Inspection était suffisamment armée par les dispositions de la loi actuellement en vigueur sur l'hygiène et la sécurité des travailleurs. Sinon, il faudrait émettre un vœu étendant les attributions de l'Inspection. Sur la deuxième question, celle des veillées, il lui est pénible de se trouver en désaccord avec les sentiments si élevés développés tout à l'heure, avec une chaleur si communicative, par M. Heppenheimer. La suppression absolue de tout travail après les heures réglementaires est, en effet, incompatible avec les nécessités de l'industrie. Le législateur a été obligé de prévoir des dérogations à la loi. Les ateliers de couture, par exemple, ont déjà droit à soixante jours de veillées par an. Ils peuvent même, dans certains cas, en obtenir davantage avec une permission spéciale. Il serait difficile et même dangereux de supprimer toute latitude à cet égard pour l'industrie de la couture dans laquelle, après les mortes-saison, il y a des moments de presse où il faut livrer de nombreuses commandes à date fixe sous peine de perdre la clientèle. Ce sont là des cas de force majeure qu'on ne supprimerait pas en supprimant les veillées. On n'arriverait qu'à rendre la fraude inévitable et à créer des ateliers clandestins. Il importe de se rendre un compte bien exact de la situation et de se demander si l'on ne se trouve pas en présence d'une de ces nécessités pratiques auxquelles il est impossible d'échapper.

M. Heppenheimer répond que la presse se fait sentir dans toutes les industries comme dans celle de la couture. Cet argument n'a plus aujourd'hui la même portée qu'il y a soixante ans. A cette époque, le nombre des ouvrières n'était pas trop grand et il y avait du travail pour toutes ; mais, depuis lors, le machinisme s'est développé et il faut moins d'ouvrières pour exécuter le même travail. Voilà pourquoi il y a aujourd'hui des couturières en surcroît, et il en est ainsi de toutes les industries où la machine tend à remplacer l'homme. Il faudrait actuellement 430 millions de travailleurs pour faire le travail des machines. Il y a donc pléthore de bras et un grand nombre de couturières sont en chômage forcé d'un bout de l'année à l'autre. Le seul remède à apporter à cet état de choses, c'est celui qu'on propose, c'est-à-dire la suppression totale des veillées. Il y aura bien des difficultés au début ; mais, à la longue, les choses s'organiseront ; les patrons trouveront des ouvrières en nombre suffisant et toutes les ouvrières trouveront du travail. L'orateur répète que c'est un devoir que de protéger les travailleurs contre eux-mêmes et que la suppression de toutes les heures supplémentaires s'impose au législateur s'il veut épargner les forces vives de la nation.

M. Édouard Besombes dit que le législateur de 1892 a oublié d'envisager un point très important. Il a bien spécifié que les industriels ne pourraient pas faire faire à leur personnel plus de douze heures de travail par jour, mais il n'a pas indiqué les heures d'arrivée et de départ, de sorte que si l'Inspection sait à quelle heure les ouvriers et ouvrières s'en vont, rien ne lui permet de savoir à quelle heure ils sont arrivés. De là l'impossibilité d'établir un contrôle sérieux sur le nombre d'heures qu'ils ont faites. Il serait donc nécessaire, pour que les fraudes pussent être facilement constatées par l'Inspection, d'adopter une autre méthode consistant en une meilleure répartition des heures de travail, et de spécifier, par exemple, que telle équipe commencera à telle heure pour finir à telle heure, que celle qui lui succédera finira à telle autre heure et ainsi de suite.

Mlle Bouvard insiste pour que la Commission se prononce en faveur de la suppression des veillées qui aurait, dit-elle, pour effet certain de procurer du travail à un grand nombre d'ouvrières qui en manquent.

M. Édouard Besombes dit qu'il ne faut pas s'attendre à ce que le législateur renonce à accorder des tolérances. Si l'on inscrit dans la loi l'interdiction de travailler tard, les patrons feront commencer la journée plus tôt et le résultat sera le même ; le nombre d'heures n'aura pas diminué.

Mlle Bouvard fait connaître que l'Administration des tabacs vient de faire l'essai de la journée de huit heures et que cet essai a parfaitement réussi. On a pu se rendre compte que la somme de travail fourni et par conséquent la production étaient devenues plus importantes qu'auparavant et l'on s'est décidé à continuer.

M. Worth demande la parole et s'exprime en ces termes :

Je n'avais pas, Messieurs, l'intention de prendre part à ce débat. Je suis en effet « orfèvre » en ce moment, et ma situation est particulièrement délicate, car si je m'oppose au vote du vœu qui vous est présenté, on pourra supposer que cette opposition est dictée par des considérations personnelles. Je ne crois pas qu'il me soit permis cependant de laisser passer sans réponse les arguments développés par Mlle Jusselin et par les précédents orateurs, et de ne pas vous donner ceux qui militent en faveur du rejet partiel de la proposition qui vous est faite.

Il y a, comme l'ont très judicieusement fait remarquer tout à l'heure M. le Substitut du Procureur de la République et M. Duval-Arnould, deux parties dans le vœu qui vous est soumis. La première a trait à l'hygiène des ateliers ; la seconde à la suppression des veillées.

Sur le premier point il ne saurait y avoir de discussion : je ne crois pas qu'on puisse signaler un patron digne de ce nom qui ne considère que son premier devoir est d'assurer aux ouvrières qu'il emploie l'air et la lumière qui leur sont nécessaires, et puisque ce sont encore une fois les grandes maisons qui sont plus particulièrement visées dans le rapport que vous avez entendu tout à l'heure, sachez que ces maisons font travailler dans des locaux qui ont été construits pour des habitations du plus grand luxe et dont les loyers varient entre 4 et 15.000 francs par atelier, c'est-à-dire par moitié d'étage.

Je ne crois donc pas exagérer en disant qu'aucun patron ne trouvera surprenant qu'on lui applique les règlements d'hygiène, qu'il prend d'ailleurs à cœur de suivre dans toute leur rigueur.

Une autre raison pour laquelle je croyais inutile d'intervenir dans ce débat était que la question des veillées avait déjà été traitée devant vous l'an dernier, dans la séance du 25 mai. J'avais déjà donné les raisons qui s'opposent matériellement à la suppression de la prolongation du travail à certaines époques de l'année. Mais comme je vois la question renaître, je suis, à mon tour, forcé d'y revenir.

Et d'abord permettez-moi de relever une erreur de Mlles Jusselin et Bouvard d'une part, et une autre du fait de l'honorable M. Duval-Arnould.

Ces dames prétendent que les patrons font ce qu'ils veulent, et notre collègue disait tout à l'heure qu'ils avaient droit à soixante jours consécutifs de veillées par an. Or, il n'en est rien. Le droit de prolonger la journée ne peut s'exercer qu'en avertissant l'Inspection du travail : celle-ci doit être prévenue par une lettre ou carte postale dont le timbre de la Poste fait foi.

Toute permission ainsi demandée peut être refusée. Il y a donc là réellement un contrôle qu'on se plaignait tout à l'heure de ne pas voir exister, et si cela constitue un hommage à rendre à l'Inspection du travail, permettez-moi de vous dire que ce contrôle se fait avec une fréquence qui doit satisfaire les plus exigeants.

Mlle Jusselin nous disait que la dernière grève avait échoué parce que les patrons, pour empêcher les ouvrières de se trouver en contact avec les grévistes, leur faisaient prendre leur repas à l'atelier. Je crois bien que les ouvrières pouvaient entrer en contact avec les grévistes à d'autres heures que celles des repas, puisque Mlle Jusselin assurait que les réunions de la Bourse du Travail étaient assidûment suivies par elles. Mais si, ce que j'ignore, certains patrons ont contraint leurs ouvrières à prendre leurs repas chez eux, je crois pouvoir assurer que ce n'était pas dans les ateliers. On ne saurait s'exposer à ce que les étoffes les plus délicates, qui encombrent les tables, soient maculées par les taches de graisse provenant des victuailles. En ce qui me concerne, je puis ajouter que le fait de prendre dans les ateliers une collation, qui peut être prise ailleurs, est une cause de renvoi.

Il y a des établissements, comme le mien, où les ouvrières prennent en grande majorité leur repas dans la maison. Elles sont absolument libres de le faire ou de ne pas le faire. Mais elles le préfèrent : aussi met-on à leur disposition, non seulement des réfectoires, mais encore des femmes, payées par la maison, et le matériel spécial pour faire cuire les aliments qu'elles apportent avec elles.

Voilà pour les repas.

Reste la question des locaux et celle des veillées, qui paraissent liées l'une à l'autre. Elles ne le sont qu'en apparence.

En ce qui concerne les locaux, je vous ferai observer qu'il n'est pas toujours possible à un patron de les augmenter.

Lorsque celui-ci débute, il loue pour le plus long espace de temps qu'il le peut, car son bail est un élément d'actif, il loue dis-je, un local qu'il suppose devoir être suffisant. S'il réussit, il cherche à s'agrandir dans le même immeuble. Et cela ne lui est pas toujours facile ; cela lui est même le plus souvent impossible.

Donc, il n'y a pas toujours moyen d'augmenter ce local. Il ne peut pas, non plus, transporter ailleurs son industrie : il est tenu par son bail, et la situation favorable qu'il a choisie ne peut-être facilement abandonnée.

Et pourquoi, dit-on, ne prendrait-t-il pas d'ateliers dans un autre immeuble ? Parce que son genre d'industrie exige de sa part une surveillance et une direction constantes, qui ne peuvent pas s'exercer à distance. Et c'est en ceci seulement, à propos de cette surveillance constante et de cette direction, que la question des locaux et celle des veillées sont dépendantes l'une de l'autre.

J'ai, je vous le rappelais tout à l'heure, Messieurs, eu l'honneur, l'année dernière, à propos d'un rapport de notre collègue, M. Besombes, de vous entretenir des veillées. Je vous prierai donc de vous reporter à la réponse que je lui faisais alors. Elle ne saurait varier. Je vous expliquais que le personnel ouvrier, assez habile pour exécuter les travaux qui constituent notre industrie, est tellement restreint qu'on ne saurait trouver un nombre suffisant d'ouvrières de cette catégorie. Je vous disais qu'à différentes époques de l'année, variables suivant les événements qui les déterminent, nos maisons reçoivent des commandes nombreuses avec un délai de livraison qui devient d'autant plus court qu'il y a plus à faire à la fois. Eh bien, si dans un travail que j'ai fait pour la Commission des valeurs de douane, à laquelle j'ai l'honneur d'appartenir, j'ai pensé approcher de la vérité en disant que Paris comptait environ 65.000 couturières, le nombre n'en est pas moins très petit de celles qui ont le talent nécessaire à l'exercice de notre profession.

N'est-ce pas, et excusez-moi en ce moment de paraître exagérer le côté artistique de notre métier, n'est-ce pas à Paris et à Paris seulement, que se forment les femmes de talent qui sont nos auxiliaires ?

Ne nous trouvons-nous pas, comme je vous le disais l'an dernier, à propos des sculpteurs de l'Exposition, devant une pénurie de main-d'œuvre artistique qui nous oblige à prolonger de quelque peu, la journée de travail ? Imaginez-vous qu'en présence du besoin que l'on avait de ces sculpteurs, on aurait pu utilement faire appel à tous les tailleurs de pierre et maçons de la France, et qu'on aurait obtenu un résultat ? Et cela est tellement vrai que, en ce qui concerne la Société de secours mutuels, que j'ai l'honneur de présider, et qui, bon an mal an place chaque année, de 300 à 400 sociétaires environ, il n'y a jamais d'ouvrières à placer, lorsqu'on en a besoin, tandis qu'en dehors des moments de presse, un grand nombre de sociétaires réclament un emploi. Il y a là, Messieurs, une question de fait, et non une question d'appréciation. Mlles Jusselin et Bouvard prétendent qu'il y a assez d'ouvrières pour satisfaire aux besoins : moi, je dis qu'il en manque. C'est là un point facile à éclaircir. Croyez-vous que vous pouvez faire exécuter un travail soigné, et, je suis contraint de me répéter, artistique, par une ouvrière quelconque, quelque bonne couturière qu'elle soit ? En mettriez-vous deux ou trois de capacité courante à la place d'une ouvrière habile, celles-là feront-elles le travail de celle-ci ?

Et tenez, Messieurs, nous avons ici même et parmi nous, une personnalité dont le cas peut servir de démonstration à mes affirmations.

Notre honorable Vice-Président, M. Besombes, me permettra, j'en suis certain, de le citer en exemple. Il nous a plusieurs fois dit qu'il comptait parmi les plus habiles dans son art. Il gagne, nous dit-il, vingt-deux sous par heure, et il se flatte, non sans raison, qu'il y a peu d'artisans de sa corporation qui soient capables de mériter un tel salaire. Ne reconnaîtra-t-il pas avec moi que son patron ne pourrait pas le remplacer par deux ouvriers ordinaires gagnant chacun cinquante-cinq centimes l'heure ?

S'il le reconnaît, et je vois qu'il fait des signes d'assentiment, aurai-je clairement démontré la justesse de ma thèse?

Mlle Bouvard nous disait tout à l'heure, que l'Administration des Tabacs venait de faire l'essai de la journée de huit heures, et que cet essai avait parfaitement réussi. Comment peut-on comparer une industrie qui fonctionne régulièrement d'un bout de l'année à l'autre, qui peut, sans inconvénient fabriquer un stock d'avance, sans se préoccuper de la consommation, avec une autre industrie qui ne connaît la consommation que lorsqu'elle vient à se produire, sans avoir la possibilité de la régler. Je n'en veux pour preuve que ce qui se passe en ce moment. Par suite de l'inclémence de la température, et pour des raisons qui m'échappent, les affaires sont, en ce moment, très restreintes. Cela ne veut-il pas dire que dans quelques jours, dans quelques semaines, dans un mois, les commandes se produiront avec abondance. Il faudra bien les exécuter.

M. Heppenheimer vous a tracé tout à l'heure, Messieurs, un sombre tableau d'un intérieur familial, lorsque la femme, retenue au dehors par les veillées, ne s'y trouvait pas en même temps que son mari. Pour obvier à cela, on a proposé de faire commencer la journée plus tôt, afin qu'elle finisse de même, bien que M. Besombes affirme qu'il n'y aurait plus de contrôle.

Je pense, avec notre collègue, M. Heppenheimer, que si cela était compatible avec les nécessités de l'industrie, et par conséquent de l'existence, l'idéal serait que la femme fût toujours présente au foyer domestique; mais, puisque ces nécessités la forcent à quitter ce foyer, il ne s'agit plus que de savoir si celles qui exercent la profession de couturière, voient leur ménage plus exposé que les autres à l'abandon. Et d'abord, rappelez-vous, Messieurs, que les veillées sont autorisées soixante jours par an seulement. A entendre M. Heppenheimer, les cabarets seraient alimentés par les maris des seules couturières.

Cela me semble difficile à admettre pour trois raisons : la première est que celles-ci ne sont exposées à rentrer tard que soixante jours par an ; la seconde, c'est que le nombre à Paris des cabarets est tellement considérable que ceux-ci doivent être fréquentés par d'autres maris que ceux des couturières. Et j'aimerais, à ce propos, recevoir l'assurance qu'aucun mari dont la femme reste au logis

toute la journée ne le déserte pas pour le cabaret. La troisième
raison est qu'un grand nombre, probablement la majorité, des couturières travaillant au dehors, ne sont pas mariées.

Quoi qu'il en soit, frappés par cet inconvénient de la rentrée
tardive, nous avons tenté de commencer la journée plus tôt. Les
ouvrières nous ont unanimement demandé de n'en rien faire. Qu'il
y ait, comme le disait M. Heppenheimer, des inconvénients à ce
qu'une femme ne soit pas chez elle au moment où son mari y
rentre, il y en a de plus grands à ce qu'elle quitte le logis de bonne
heure. Outre le ménage à faire, il y a les enfants à lever, à soigner,
à nourrir, à faire partir pour l'école. Si donc le père peut rentrer
le soir et s'occuper des enfants, il faut, lorsque celui-ci est appelé
au dehors par son travail, toujours plus matinal, que quelqu'un
s'occupe des enfants, des soins du ménage, etc., etc.

Voilà les raisons pour lesquelles l'heure habituelle d'arrivée à
l'atelier a été maintenue.

En ce qui concerne le contrôle dont M. Besombes craint l'ineffi-
cacité, je lui demanderai s'il croit que l'ouvrière qui sait bien
dénoncer les patrons qui n'observent pas la loi, ne les dénoncera
pas si elle vient à l'atelier une heure plus tôt, et travaille ainsi plus
que la loi ne le permet. L'observation de M. Besombes est d'ailleurs
en contradiction avec ce qu'il nous disait l'année dernière, à savoir
que c'était dans les petits ateliers que les lois sont le plus souvent
violées. Je rappelle d'ailleurs que dans le rapport que nous discu-
tons en ce moment, il ne s'agit que des grandes maisons.

Je crois avoir établi, Messieurs, l'impossibilité de trouver le nombre
de mains habiles suffisant pour exécuter le travail demandé. Et ne
pensez pas qu'on pourra l'augmenter facilement. Le talent ne se donne
pas, je ne crois pas même que, dans l'espèce, il puisse s'acquérir.

Mais il est encore un empêchement à l'embauchage plus étendu
des ouvrières, en dehors de leur capacité professionnelle et de
l'exiguïté des locaux dont je vous ai entretenus. Je veux parler de
la difficulté plus grande encore de trouver le personnel capable
de diriger un nombre indéfini d'ouvrières. Quand une maîtresse
d'atelier est fort bien douée, elle peut, à la rigueur, diriger quarante, cinquante ouvrières au plus. La multiplicité des détails est,
dans notre profession, tellement grande, l'exigence de la clientèle,
sollicitée chaque jour par une concurrence plus intense, est telle,

qu'une directrice d'atelier, capable de surveiller cinquante personnes est une personnalité des plus rares. Choisie parmie toutes les ouvrières habiles, entre lesquelles elle s'est distinguée par un goût plus sûr, et surtout par ses aptitudes de direction, son recrutement est des plus délicats. C'est à la collaboration constante entre elle et le patron d'une part, entre elle et l'ouvrière de l'autre, qu'est due la bonne marche des affaires, et c'est à cause de cette collaboration et de cette direction constantes qu'il est presque impossible, comme je vous le disais tout à l'heure, d'augmenter le nombre des locaux au dehors des maisons de commerce elles-mêmes, en supposant qu'on trouvât des ouvrières capables pour les occuper, et des maîtresses d'atelier pour diriger ces dernières.

S'il m'est permis de citer mon propre exemple, je dirai que cette nécessité de direction, de surveillance et de collaboration constante est telle qu'après avoir pris tous les étages des deux corps de bâtiment que j'occupais autrefois, j'ai dû louer deux autres étages, les seuls disponibles, dans la maison voisine, puis ceux-ci étant insuffisants et dans l'impossibilité d'en trouver d'autres dans le même immeuble, prendre au plus près, d'autres ateliers qu'il a fallu relier téléphoniquement aux magasins par des lignes directes, les communications par le téléphone urbain étant trop peu rapides.

J'en ai fini avec mes objections, Messieurs, et je m'excuse de vous avoir si longtemps retenus. Si j'ajoute que le travail exécuté le soir nous coûte beaucoup plus cher et qu'il est moins bien fait, j'aurai tout dit contre le projet de vœu qui vous est soumis.

En terminant, je demanderai qu'on veuille bien répondre à ceci. En supposant que nous ne soyons mus que par le seul intérêt, en admettant, comme on cherche trop souvent, et, j'ose le dire très injustement à le faire croire, que toute question d'humanité nous laisse indifférents, je demande pour quelle raison nous persisterions à payer plus cher un travail plus mal fait, s'il nous était possible de l'éviter. Si on répond à cette simple question qui résume les quelques objections que je viens d'avoir l'honneur de vous soumettre, je me déclare prêt, le premier, à suivre les indications qu'on aura bien voulu me donner.

M. Édouard Besombes constate qu'un certain nombre de maisons de couture ont renoncé à faire veiller leurs ouvrières. M. Laporte le dit dans son rapport. Il demande à M. Worth comment font ces maisons pour livrer à temps leurs commandes pressées.

M. WORTH répond qu'il n'en sait rien. Il ne connaît pas les maisons auxquelles on fait allusion, et si M. Besombes veut bien les lui désigner et donner leur secret, il s'empressera de les imiter.

M. LAPORTE dit que M. Besombes fait erreur. Il a écrit dans son rapport de 1898 qu'il avait avec les maisons de fourrure fait un compromis, par lequel il leur avait accordé de travailler le dimanche, à la condition qu'on ne veillerait pas durant la semaine.

Mlle JUSSELIN demande à M. Worth pourquoi les couturiers ont été, au moment de l'ouverture de l'Exposition, demander à M. le Ministre du Commerce des tolérances plus étendues et que, celles-ci n'ayant pas été accordées, les couturiers ont néanmoins fait face aux commandes.

M. WORTH répond que ce n'est un mystère pour personne que l'Exposition n'a produit pour quiconque les résultats qu'on en attendait et que dans ces conditions les patrons n'ont pas eu à insister auprès du Ministre.

Mlle JUSSELIN demande s'il n'est pas vrai que les maisons ont des entrepreneuses qui reçoivent un prix fixe pour les objets à confectionner. Celles-ci abusent de l'ouvrière en ne la payant pas un prix rémunérateur.

M. WORTH répond que ce que craint Mlle Jusselin lui paraît impossible. Dans la discussion de la proposition de notre ancien collègue M. Louis Berr, qui figure à l'ordre du jour de la séance, on étudiera les rapports des grands magasins avec les entrepreneurs, et peut-être à ce moment aura-t-il encore à demander à ses collègues quelques minutes d'attention.

Mais il ne s'agit ici que des grandes maisons. Or, c'est mal connaître la situation que de penser qu'une ouvrière, qui sait ce que sa patronne reçoit pour la façon d'un vêtement, se contentera d'un salaire dérisoire et hors de toute proportion avec ce prix de façon.

Les ouvrières savent, non seulement cela, mais encore ce que leurs camarades sont payées dans les ateliers voisins, et il n'est pas rare de voir tout un atelier demander de l'augmentation, parce qu'une ouvrière, une seule ouvrière en aura obtenu dans un autre atelier de la même maison.

Comme il l'a fait tout à l'heure, M. Worth affirme que l'ouvrière habile a conscience de sa valeur et ne travaille que pour un prix qu'elle sait mériter.

Mᵐᵉ JUSSELIN demande comment il se fait que les ouvrières ne gagnent que trois francs par jour.

M. WORTH répond qu'il n'en a pas à ce prix-là.

M. HEPPENHEIMER demande la parole pour répondre aux objections de M. Worth :

Je dois, dit-il, déclarer tout d'abord qu'il ne peut y avoir rien de personnel dans ce que je vais dire et que notre collègue qui a donné des raisons sérieuses très susceptibles de faire impression sur tous ses collègues, doit être hors de cause.

Ma première impression en entendant notre collègue, était qu'en réalité, les choses du passé tiennent encore par des racines bien profondes au présent, et que lorsqu'une transformation d'ordre économique s'impose, on assiste au heurt, *d'une part*, de considérations exclusivement matérielles, et *d'autre part*, de considérations purement morales. Je crois qu'il est possible de fusionner les deux considérations, c'est-à-dire sans rejeter toute considération d'ordre matériel, de faire néanmoins prendre une place dominante aux considérations morales. Pendant la guerre de Sécession, les partisans de l'esclavage disaient : « Il n'est pas possible de continuer à cultiver la canne à sucre si on affranchit les esclaves » ; on répondit victorieusement : « Si on ne peut cultiver la canne à sucre que dans ces conditions, il vaut mieux que l'humanité se passe de sucre. » Je pense que nous n'avons pas à aller jusqu'à cette extrémité et que la confection des vêtements artistiques de femme sera encore longtemps une des gloires de la ville de Paris, sans que les ouvrières qui font sortir ces merveilles de leurs doigts de fées, soient obligées de se tuer par des veilles meurtrières et de renoncer au bonheur moralisant des soirées familiales. L'argument principal de M. Worth, est que les locaux dont disposent les industriels, beaucoup trop importants en morte-saison, deviennent insuffisants dans la bonne saison, et qu'en outre, *raison plus importante encore selon lui*, les femmes qui dirigent, qui sont l'âme du travail, celles qui donnent en un mot la marque du génie au travail parisien, ne sont pas en assez grand nombre pour diriger le personnel secondaire.

Laissez-moi, Messieurs, dire à notre collègue, que je ne trouve pas son argument décisif. Je crois au contraire, et je suis sûr que le nombre des ouvrières d'élite n'est pas si strictement limité pour satisfaire aux exigences de cette industrie. Je crois qu'il est aisé, *comme dans l'armée pour les officiers*, d'avoir des cadres selon les contingents. Mais la vérité, c'est que les industriels rencontrent des difficultés sérieuses pour agrandir leurs locaux et que la surveillance, *(ils le disent eux-mêmes)* avec un plus nombreux personnel, deviendrait pour une seule maison très difficile.

Eh bien ! Messieurs, mon sentiment est que, si ces maisons ont atteint leur apogée avec trois ou quatre cents ouvrières, il ne doit pas leur être permis de faire plus encore, aux dépens de la classe ouvrière ; je sais bien qu'il y aura quelques souffrances dans le début de cette transformation, comme chaque fois que l'on modifie une machine compliquée, mais cela se tassera, se mettra en place ; d'autres maisons se créeront et arriveront à servir la clientèle sans que les ouvrières soient astreintes à un labeur mortel.

En un mot, je préfère une limite aux développements des maisons de couture, qu'une fatigue excessive et sans limites imposée aux femmes ouvrières.

M. ANTOURVILLE appuie les observations de M. Heppenheimer. Il ajoute que le défaut d'ouvrières habiles est plus apparent que réel. Suivant lui, ce défaut n'existe pas et l'argument n'a pas de valeur au point de vue des veillées.

En raison de l'heure avancée, plusieurs membres demandent le renvoi de la discussion à la prochaine séance.

M. BEZANÇON fait remarquer que le décret du 15 juillet 1893 qu'il s'agit de modifier a été rendu après des enquêtes attentives sur toutes les industries désignées par lui, et que la Commission départementale ne saurait émettre un vœu sans une étude minutieuse de la question. Il appuie la proposition de renvoi.

M. LE PRÉSIDENT met aux voix l'ajournement, qui est voté.

SÉANCE DU 26 AVRIL 1901.

L'ordre du jour appelle la suite de la discussion du rapport de Mlles Jusselin et Bouvard sur les causes de la grève des tailleurs pour dames et couturières et du projet de vœu de Mlle Bouvard en faveur de la suppression du marchandage dans cette corporation.

Mlle JUSSELIN dit qu'un décret de 1848 a bien aboli le marchandage : ce n'est pas de cela qu'il s'agit aujourd'hui, mais bien du travail à l'entreprise, qui permet à une intermédiaire de s'attribuer une partie du salaire de l'ouvrière. C'est contre un pareil abus qu'elle demande, avec Mlle Bouvard, l'intervention protectrice de la loi.

M. BEZANÇON. — La question est trop grave, au point de vue non seulement de la fortune publique, mais du nombre de personnes — ouvriers et patrons — qui vivent de l'industrie de la couture à Paris, pour qu'une modification à la réglementation actuelle ne soit proposée qu'à bon escient.

On lit dans un travail très intéressant, qui date de 1895, — et que M. Worth ne contestera pas (1), — qu'alors, sans tenir compte des maisons non inscrites au Bottin, il y avait à Paris.

6 maisons de couture occupant 4 à 600 ouvrières chacune environ, ce qui donne.	3.000	ouvrières.
50 maisons à 100 ouvrières environ	5.000	—
50 — 50 —	2.500	—
1.530 — 15 —	22.950	—
295 maisons de nouveautés confectionnées ayant dix entrepreneurs occupant chacune 10 ouvrières environ, soit. . . .	29.600	—
Voici donc	63.050	ouvrières

(1) *La Couture et la Confection des vêtements de femme*, par M. Gaston Worth. Paris 1895.

parmi lesquelles on n'a pas compté les passementières, brodeuses, fleuristes, etc., qui travaillent pour la couture ou la confection.

La même brochure m'a appris que, du moins dans les plus grandes maisons, on évaluait à 37 0/0 seulement le montant de la vente pour la consommation française, et que les salaires distribués annuellement dans ces maisons s'élevaient entre 800.000 et 1.200.000 francs.

L'importance de ces chiffres, — peut-être plus élevés aujourd'hui, — n'exige-t-elle pas une prudence très grande quand il s'agit de prendre des mesures de nature à léser de si nombreux travailleurs et une industrie si considérable ? L'autorité même des avis émis par la Commission départementale implique cette circonspection.

Or je vous déclare que je ne me crois pas suffisamment documenté pour me prononcer sur la proposition de Mlles Bouvard et Jusselin. Nous avons entendu des observations d'ordre général bien plus que des explications sur les inconvénients de l'application du décret du 15 juillet 1893 en ce qui concerne les ateliers de confection et couture. Lorsque ce décret a paru, ses termes en avaient été étudiés par l'Inspection du Travail, puis par les Conseils techniques du Ministère du Commerce et par le Conseil d'État, et une enquête avait permis de recueillir les avis des patrons aussi bien que des ouvriers. Lorsque les décrets du 26 juillet 1895, du 29 juillet 1897 et du 24 février 1898 ont été préparés, des renseignements ont été pris également auprès des intéressés. Nous ne saurions ici procéder à une enquête, et quelque intéressantes qu'aient été les explications techniques produites par M. Worth, et les considérations morales développées si bien par M. Heppenheimer, nous ne sommes pas édifiés. M. Duval-Arnould a dit, dans notre dernière séance, que la suppression absolue de tout travail après les heures réglementaires était incompatible avec les nécessités de l'industrie et il a fait observer que le législateur s'était trouvé obligé de prévoir des dérogations à la loi. Ces dérogations sont des points de fait qu'on ne détermine qu'après une enquête. J'ai l'honneur de proposer à la Commission départementale de ne pas voter les conclusions du rapport de Mlles Bouvard et Jusselin, et de se borner à appeler la bienveillante attention de M. le Ministre du Commerce et de l'Industrie sur ce rapport et sur les observations échangées à l'occasion de ce rapport.

M. Heppenheimer. — Je n'ai pas grand'chose à ajouter à ce que j'ai dit dans la précédente séance. J'insiste cependant sur ce point qu'il n'est pas possible que des considérations d'ordre purement matériel prévalent d'une manière absolue sur de hautes considérations sociales et morales. L'honorable M. Bezançon nous dit de prendre bien garde, que nous allons toucher, d'une main peut-être légère, à une industrie d'extrême importance et qui n'occupe pas moins, à Paris, de 65.000 ouvrières.

Je fais remarquer à notre Collègue, qu'au contraire nous sommes très prudents, que nous avons écouté avec beaucoup d'attention notre très autorisé collègue, M. Worth. Et j'ajoute que ses explications ont fait une très vive impression sur nos esprits, tout au moins sur le mien, et que je tiens le plus grand compte de ses observations. Mais, je dis à notre Collègue que, loin de puiser une raison dans l'importance de l'industrie pour hésiter à la réglementer, on doit, au contraire, par rapport à cette importance, hâter une réglementation précise.

Oui, il est vrai que l'absence trop prolongée de la femme du foyer familial a les conséquences morales les plus épouvantables et provoque les plus graves désordres sociaux.

Non, il ne faut pas que, sous prétexte de ne pas créer d'ennuis à certaines industries, les ouvrières se tuent en des veilles meurtrières.

Pour montrer notre désir de ne rien brusquer, nous proposons, à titre d'indication et pour permettre aux industriels de s'organiser, que les soixante jours de veille, accordés par le décret de 1893, soient réduits à quarante.

M. Édouard Besombes demande à rectifier une erreur commise par M. Bezançon. Il est inexact, dit-il, que le Ministère ait fait une enquête complète avant d'arrêter les dispositions qui devaient former les bases de la loi du 2 novembre 1892 et des règlements d'administration publique rendus pour son exécution. On a bien consulté les patrons, mais non les ouvriers. On a oublié précisément de demander l'avis des syndicats intéressés. Notre rôle est de signaler les inconvénients de cette loi et des décrets ultérieurs. Or, nous sommes suffisamment éclairés aujourd'hui pour demander que les veillées soient sinon totalement supprimées, du moins réduites au strict minimum. Quant aux tolérances, on ne devrait les accorder que dans des cas tout à fait exceptionnels, dans l'intérêt même des ouvrières qui font jusqu'à quatorze heures de travail par jour.

M. Bezançon répond qu'il n'a aucune objection à présenter en ce qui concerne la réduction des veillées et la nécessité de se montrer très sévère dans l'octroi des tolérances.

Mlle Jusselin fait observer qu'au moment de l'ouverture de l'Exposition, le Ministère a eu la preuve que les ouvrières étaient hostiles aux veillées. En effet, la Chambre syndicale ouvrière de la Couture a pu faire couvrir de milliers de signatures une pétition d'ouvrières protestant contre le travail de nuit.

M. Mallemont demande l'opinion de M. Laporte au sujet des veillées.

M. Laporte répond que son opinion n'a jamais varié et qu'il a toujours été partisan résolu de l'interdiction du travail après 9 heures du soir

M. Worth appuie la proposition de M. Bezançon.

Il se rappelle que la question a été remise à l'ordre du jour de la séance d'aujourd'hui parce qu'on la jugeait trop importante pour être tranchée après les explications échangées. Il constate qu'aucun argument nouveau n'a été apporté en faveur de la suppression de dispositions administratives, fixées par décret, qui régissent les professions auxquelles on a accordé la possibilité de prolonger le travail jusqu'à 11 heures du soir.

Il ne peut pas admettre que sur une simple proposition, la Commission vote la suppression de cette prolongation qui a été accordée après une longue discussion parlementaire et une non moins longue enquête. Car, en dépit de ce que l'on a dit, il y a eu enquête; enquête dans les mairies où les ouvrières se sont rendues en grand nombre et ont fait connaître leur sentiment. Et cette enquête a conduit à la législation actuelle, bien que la question posée aux ouvrières n'ait pas été « : Croyez-vous qu'il soit ou non possible de supprimer les veillées ? » mais bien celle-ci : « Voulez-vous gagner autant en travaillant moins ? »

Quels sont donc les arguments qui ont été produits devant la Commission qui militeraient en faveur de la suppression de ce travail prolongé pendant soixante jours par an jusqu'à onze heures du soir? Il n'en a pas été produit un seul qui fût nouveau comme M. le Chef de Division le faisait remarquer tout à l'heure, et on ne comprendrait pas que la Commission votât une disposition qui aurait pour but de compromettre gravement l'industrie de la Couture. Veut-on pousser à la création d'ateliers clandestins ? On ne peut, en effet, demander à un industriel de repousser les commandes qui lui sont confiées.

M. Besombes. — Je suis très surpris des arguments apportés par M. Worth, car je crois qu'il serait possible de supprimer la tolérance accordée par le décret du 15 juillet 1893 qui permet aux maisons de couture de faire travailler des ouvrières jusqu'à 11 heures ou minuit et cela pendant soixante jours par an, étant donné que la journée ne doit pas dépasser douze heures de travail.

Il est certain que la surveillance est impossible pour l'Inspection du Travail, car si dans les grandes maisons comme celle de notre collègue, les ouvrières ne veulent pas commencer leur journée avant 9 ou 10 heures du matin, je pourrais citer bien des maisons de confection pour dames, dans le quartier du Temple, où la journée commence à 7 heures du matin pour ne se terminer qu'à 11 heures ou minuit ; il est vrai que dans ces maisons l'on ne fait pas des costumes à 500 ou 600 francs et les ouvrières n'ont que des salaires dérisoires, mais, quoique les veillées puissent leur procurer un peu plus de gain et que parfois elles-mêmes demandent à veiller pour pouvoir augmenter leur budget, la loi a été faite pour pouvoir protéger les ouvrières, même malgré elles, et la Commission départementale manquerait à son devoir si elle ne faisait pas tout ce qui est en son pouvoir pour arriver à ce résultat.

M. Mallemont constate que toutes les ouvrières sont contre les veillées ; cependant il faut bien reconnaître qu'il est indispensable d'en faire dans la couture ; c'est un inconvénient inhérent à cette industrie. Les industriels n'en sont pas responsables. Mais il y a une différence, comme l'a très bien indiqué M. Laporte, entre les veillées et le travail de nuit. On peut travailler pendant douze heures, c'est

4

raisonnable. Le travail de nuit, qui constitue un abus, ne commence qu'après ces douze heures, lorsque les premières sont parties et qu'il ne reste plus dans les ateliers que des deuxièmes ouvrières pour surveiller les autres. Il y a, d'ailleurs, beaucoup moins d'abus de cette nature depuis que la loi du 2 novembre 1892 est appliquée. La législation actuelle réalise un progrès considérable sur celle de 1874. M. Mallemont déclare en terminant qu'il est partisan des tolérances dont certaines industries ne peuvent se passer sans péricliter ; mais il estime que la Commission de l'Inspection du Travail ait à prévenir et à réprimer tous les abus.

Mlle Bouvard dit que la clientèle des couturiers et des couturières sera bien forcée d'accepter la réforme proposée, comme l'a déjà acceptée celle des grands magasins. La suppression des veillées est d'ailleurs une des causes de la dépopulation de la France, les jeunes filles devenant anémiques et mourant à la peine par suite du surmenage qu'on leur impose.

M. Heppenheimer. — Si l'on avait dit au bon roi d'Yvetot, celui du poète, que l'histoire des rois est le martyrologe des peuples, il se serait écrié : « Oh ! calomnie ! voyez comme mon peuple est heureux. »

Je dis à notre Collègue que loin de nous gêner, c'est un bonheur pour nous de constater qu'il est encore des maisons comme la sienne, où les ouvrières sont traitées non seulement avec humanité, mais avec respect.

Je demande cependant à notre Collègue de convenir avec nous, et comme l'indiquait si bien tout à l'heure M. Besombes, que les quelques centaines d'ouvrières occupées dans quelques maisons ne règlent pas le sort de 65.000 ouvrières.

Notre Collègue nous dit encore : Vous frappez exclusivement sur la couture et les industries similaires. Mais je dis : il n'en est pas d'autres qui jouissent des mêmes privilèges.

On nous dit aussi : Vous faites du sentiment, mais vous ne donnez pas d'arguments sérieux.

Je demande bien pardon à notre Collègue. Je crois que nous donnons, au contraire, des arguments très sérieux ; et d'abord, notre Collègue se méprend quand il croit que je fais allusion seulement aux maris des couturières qui s'exposeraient au danger de l'alcoolisme. J'ai englobé toutes les corporations, et qu'on sache bien que je ne cherche pas à justifier.

J'explique, je constate un fait dont nous, les militants ouvriers, sommes les plus cruellement éprouvés, car notre œuvre de propagande est vaine. Les sentiments de dignité et de légitime fierté que nous voulons créer dans les cœurs n'aboutissent jamais là où les liqueurs maudites ont troublé les cerveaux.

J'insiste sur ce point : c'est que chaque fois qu'il a fallu élaborer une réforme, des arguments, appuyés par la pratique et l'usage, ont toujours été donnés avec une force impressionnante pour maintenir le *statu quo.*

Je termine en soutenant que nos arguments ne sont pas seulement que d'ordre sentimental, mais qu'ils sont aussi d'ordre social.

Je soutiens que les réponses qu'on nous fait ne défendent pas l'intérêt de l'industrie, mais bien l'intérêt des industriels.

J'ai l'honneur, en conséquence, de déposer le projet de vœu suivant :

« La Commission départementale,

» Émet le vœu,

» Pour indiquer aux industries spécifiées à l'article 1ᵉʳ du décret du 15 juillet 1893 la nécessité de se rapprocher de l'application rigoureuse de la loi fixant la limite de la durée des heures de travail, que les soixante jours de veillées accordés par l'article 1ᵉʳ dudit décret soient réduits à quarante jours. »

M. WALCKENAER propose d'ajouter : « sans préjudice du repos hebdomadaire ». Il ne faut pas, en effet, créer un maximum. Il ne faut pas accorder les tolérances qu'au fur et à mesure des besoins du travail, et non à titre de balance.

M. HEPPENHEIMER déclare consentir très volontiers à cette addition.

M. LAPORTE demande à la Commission d'adopter le vœu de M. Heppenheimer, mais en spécifiant bien qu'il s'applique à toutes les industries visées par l'article 1ᵉʳ du décret du 15 juillet 1893, et non à la couture seulement.

M. MALLEMONT dit qu'il est hostile au projet de vœu, parce que le moyen pratique pour l'industriel de justifier le besoin qu'il a d'une tolérance ne lui apparaît pas. Il répète qu'il est partisan de la recherche et de la répression des abus; mais encore faudrait-il s'assurer qu'on n'imposera pas à l'industrie des charges qui se répercuteront fatalement sur les ouvriers.

M. LAPORTE demande à renseigner la Commission sur l'enquête préalable au vote de la loi de 1892 dont parlait tout à l'heure M. Besombes. Cette enquête a été faite par les soins de la Commission du travail dans les Mairies. Les ouvriers aussi bien que les patrons ont été appelés à donner leur avis. Les ouvrières ont protesté contre les veillées. On a donc abaissé la journée de travail à douze heures; mais les patrons ont protesté à leur tour, et on a dû prévoir des tolérances dans l'intérêt de certaines industries.

M. WALCKENAER fait remarquer qu'on se trouve en présence de trois systèmes différents : ou bien, suppression de toute latitude, ou réduction de la latitude actuellement accordée, ou maintien du *statu quo*. C'est sur l'un de ces trois systèmes que la Commission va être appelée à se prononcer

M. WORTH rappelle que M. Heppenheimer disait à la dernière séance qu'il préférait une limite aux développements des maisons de couture, aux fatigues excessives et sans limites imposées aux ouvrières. Il disait aussi qu'il ne croyait pas nécessaire que ces ouvrières soient obligées de se tuer par des veillées meurtrières.

Il constate que c'est à la seule industrie de la couture que l'on interdirait son plein développement; on obligerait les patrons à ne pas exécuter les commandes qu'ils reçoivent et dont ils ne peuvent assurer la régularité, alors que l'occasion s'offre à eux de récupérer leurs importants frais généraux, et en même temps, de procurer du travail aux ouvrières qui souffrent malheureusement de mortes-saisons trop prolongées. Et puisqu'on parle d'ouvrières qui se seraient tuées en travaillant, qu'on dresse donc un bilan de ces morts, et qu'on l'apporte dans la discussion, au lieu d'affirmations qui ne reposent sur aucun fondement. Il n'en veut pour preuve que ce qui se passe dans sa maison, qui passe pour importante, qui est

la plus ancienne de Paris, où par conséquent on doit avoir le plus
veillé, et qui compte des ouvrières ayant plus de quarante ans de
présence consécutive, avec une moyenne de vingt à vingt-cinq ans
de service.

Eh bien, qu'on nomme celles qui ont succombé à la peine, et
alors on sera en présence d'arguments précis, de faits notoires, sans
lesquels la Commission n'a pas le droit de mettre en péril, par les
conséquences du vote qu'elle émettrait, une industrie aussi importante que le révélaient les chiffres produits par M. Besançon.

Les conditions de son exploitation ont été réglées par des lois et
décrets mûrement étudiés ; malgré leur libéralisme, ces lois ne per-
mettent quelquefois pas de faire face aux besoins du moment. Il est
possible qu'on cite telle ou telle maison où se sont produits des
abus : la loi est là pour les supprimer, comme elle l'a déjà fait
d'ailleurs avec beaucoup de raison. Mais est-il raisonnable et juste
de comprendre la totalité des industriels au nombre de ceux, peu
nombreux en somme, qui ont violé les lois, et, à cause de ceux-là,
d'empêcher les autres d'exercer une industrie qui a un retentissement
sur toutes celles qui font la richesse de notre pays et lui constituent
une sorte de monopole?

Il prie donc encore une fois la Commission de ne pas voter le vœu
qui lui est soumis sans s'être, au préalable, entourée de renseignements qui lui font défaut et qui ne sauraient, dans tous les cas,
différer de ceux qui ont conduit le législateur à la réglementation
actuelle.

M. Besombes. — Je tiens à répondre à M. Worth qu'à mon avis il
se place à un point de vue un peu trop particulier. Je sais qu'ici il
prend la défense de la corporation à laquelle il appartient et que si,
dans son établissement, les lois de protection ouvrière sont respec-
tées, il n'en est pas de même partout et si, d'après la statistique
énoncée tout à l'heure, les chiffres en sont à peu près exacts, il y
aurait 65.000 ouvrières employées dans la couture.

On peut affirmer que les grands couturiers en emploient à peine
10.000; il reste donc 55.000 femmes et filles qui subissent les conséquences désastreuses pour leur santé du décret du 15 juillet 1893 et
l'on ne pourra pas objecter que pour celles-là il y a à subir les exi
gences d'une clientèle riche et qui veut être servie très rapidement

sous peine de voir porter ces commandes à l'étranger, mais alors je ne m'explique plus les arguments fournis par notre collègue à une précédente séance où il nous disait qu'il n'y avait qu'à Paris que l'on trouvait des artistes (c'est le terme qu'il a employé) capables d'exécuter les merveilles de goût, de cachet et d'exécution que l'on a pu admirer à l'Exposition de 1900. Eh bien ! de deux choses l'une : ou l'on ne peut trouver autre part ce que nos couturiers exécutent à Paris et la clientèle sera bien obligée de subir les conséquences de la protection ouvrière et de faire ses commandes en temps opportun, ou bien alors si les clients portent leur pratique à l'étranger, que reste-t-il de la légende des artistes couturières de Paris ? Et même il est certain que chez M. Worth, sur 400 ouvrières occupées par lui, toutes ne sont pas des artistes ; il y en a qui dégrossissent le travail, les trois quarts de son personnel se trouvent peut-être dans ce cas ; il serait donc possible de trouver en cas de presse de ces ouvrières ordinaires, ce qui éviterait aux autres de faire un travail de nuit que toute l'Inspection du Travail est unanime à condamner.

On vous disait tout à l'heure qu'à la Chambre et au Sénat, lorsque vint en discussion la loi du 2 novembre 1892, on avait entendu tous les intéressés et que ce n'est qu'après une étude approfondie et devant l'intérêt national, au point de vue du travail, que l'on s'était arrêté au texte qui est actuellement en vigueur.

Je tiens à déclarer que l'on a toujours oublié à dessein les Chambres syndicales ouvrières dans ces enquêtes, et comme la plupart des législateurs sont des industriels ou possèdent des intérêts dans l'industrie, ils ne s'aviseront pas de faire des lois qui leur porteraient un trop grand préjudice.

Ce que je ne puis comprendre, c'est qu'en plus des soixante jours pendant lesquels les patrons ont droit au travail de nuit, il peut leur être donné l'autorisation, par l'Inspecteur divisionnaire, de prolonger la journée légale jusqu'à douze heures par jour pendant encore soixante jours dans l'année ; mais pour cette dernière tolérance, la journée ne peut dépasser 9 heures du soir. Je me demande comment font les patrons qui usent de cette autorisation, car pour pouvoir faire douze heures de travail et sans aller au delà de 9 heures du soir, il faut que l'on commence la journée à 8 heures du matin, et si l'on vient à 9 heures, comme il paraît que c'est la coutume, pas n'est besoin de permission, la loi du 30 mars 1900 autorisant les femmes et les filles mineures à faire onze heures de travail. Ce qui est vrai, c'est que dans les moments de presse, le personnel vient de bonne heure et quitte le plus tard possible ; les femmes font des journées de quinze et seize heures quand l'on voit les soldats, les sergents de ville et les employés d'administration ne faire que huit heures de travail. Celles-là sont-elles donc moins dignes d'intérêt que ceux-ci ?

Il est un autre cas que je tiens à citer, car il est très significatif.

De grandes maisons de confection pour hommes, employant un nombreux personnel, respectent les lois de protection ouvrière mais incitent leurs entrepreneurs à violer ces mêmes lois. Si, pour des raisons d'organisation défectueuse et de mauvaise répartition du travail, des commandes se trouvent un peu en souffrance, les receveurs qui délivrent le travail aux entrepreneurs du dehors leur disent : « Voici six douzaines de paletots à me faire (il y aurait au moins pour huit jours de travail pour cet entrepreneur avec le personnel qu'il occupe), il me les faut dans quatre jours. Arrangez-vous comme vous voudrez, il faut que cela parte avec le bateau. » Eh bien ! dans ce cas, l'entrepreneur fera faire quinze ou seize heures à ses ouvrières et l'on aura livré dans le délai fixé. Je crois donc, pour me résumer, que la Commission départementale pourrait formuler le vœu de voir réduire le droit accordé par le décret du 15 juillet 1893 de pratiquer le travail de nuit pendant soixante jours par an, et si l'on veut tenir compte de tous les intérêts en présence, je crois que ce ne serait pas exagéré de demander pour le moment de réduire à quarante jours par an le travail de nuit pour les femmes et les filles mineures employées dans l'industrie de la couture.

Il est certain qu'il vaudrait mieux la suppression totale ; mais nous ne pourrions l'obtenir, la classe patronale mettrait en jeu toutes ses influences pour faire échouer cette réforme qui, cependant, au point de vue de l'hygiene, de la morale et de la vie de famille, rendrait des services incontestables à ces malheureuses, obligées de se livrer à des travaux au-dessus de leurs forces, dans des locaux trop souvent malpropres et sans air.

Je crois donc qu'en demandant la réduction d'un tiers de la tolérance accordée, nous aurons ménagé les intérêts en cause et que ce sera un peu de bien-être que nous aurons procuré à celles que nous devons protéger, même malgré elles.

M. LE PRÉSIDENT. — Je suis saisi, outre le projet de vœu de M. Heppenheimer, de deux autres projets déposés, l'un par M. Bezançon, l'autre par M. Millet.

Voici le projet de M. Bezançon :

« La Commission départementale exprime à M. le Ministre du Commerce et de l'Industrie le vœu que le décret du 15 juillet 1893 soit revisé dans ce sens que la durée du travail effectif autorisé en vertu de l'article 1er sera réduite dans la mesure du possible, et qu'une enquête soit ouverte sur cette proposition. »

Le projet de M. Millet est ainsi conçu :

« Considérant que la veillée autorisée dans les ateliers de couture n'est permise que pendant soixante jours par an par le décret du 15 juillet 1893,

» La Commission départementale est d'avis que cette tolérance n'est pas exagérée ; mais elle estime qu'il faut exiger une inspection très rigoureuse. »

Je vais mettre aux voix ces trois propositions.

M. WORTH fait remarquer que l'heure est avancée, que beaucoup de membres sont déjà partis et que la Commission n'est pas en nombre suffisant pour émettre un avis quelconque au sujet de la question si grave qui vient d'être traitée devant elle. Il demande le renvoi du vote à la prochaine réunion.

Il en est ainsi décidé.

SÉANCE DU 24 MAI 1901.

L'ordre du jour appelle le scrutin sur les trois vœux présentés par MM. Bezançon, Heppenheimer et Millet, comme conclusion au rapport de Mlles Jusselin et Bouvard sur les causes de la grève des tailleurs pour dames et couturières.

Plusieurs membres de la Commission demandent à expliquer au préalable le vote qu'ils vont émettre.

M. Worth a le premier la parole. Il dit qu'aux dernières séances certains membres ont insisté sur la possibilité de trouver en tout temps un personnel suffisant pour satisfaire aux besoins de l'industrie de la couture. Il a répondu qu'il y avait là une question de fait et non d'appréciation. Eh bien ! en ce moment, on demande des ouvrières partout et on ne peut en trouver. Il serait facile à la Commission de désigner quelques-uns de ses membres qui s'assureraient que dans les quartiers avoisinant l'Opéra, il n'y a pas une seule maison, pas un seul magasin, s'occupant de couture, qui ne demande de bonnes ouvrières. La Société « La Couturière » est assaillie d'offres d'emplois par ces mêmes maisons et elle ne peut y faire face. Si elle avait cent ouvrières à placer en ce moment, elle les placerait.

Ce fait, car c'est bien là un fait et non une appréciation, ne démontre-t-il pas jusqu'à l'évidence la pénurie du personnel spécial dont il a parlé aux précédentes réunions ? Il est possible que sur les 65.000 ouvrières, dont il a été question, il y en ait un grand nombre qui soient sans ouvrage en ce moment. Pourquoi ne les emploie-t-on pas, alors qu'il y a cette affluence de demandes ? C'est évidemment parce qu'elles sont incapables d'exécuter le travail dont on a besoin. Si l'enquête demandée par M. Bezançon, et que M. Worth appuie, avait lieu en ce moment, on serait bien forcé de reconnaître que ce n'est pas le travail qui manque aux ouvrières, mais que ce sont celles-ci qui font défaut.

Mlle Bouvard dit qu'il faut appliquer les lois existantes, mais que cela ne suffit pas. Il faut, de plus, renforcer la législation en ce qu'elle a de trop commode pour les patrons. Elle votera le projet de M. Heppenheimer.

M. Cardet demande à M. Worth à quoi tient ce manque de bras.

M. Worth répond que c'est à la capacité des ouvrières. Celles qui peuvent exécuter le travail très délicat et très soigné qu'on leur demande sont en nombre très limité.

M. Cardet répond que, à son avis, il doit s'être établi une entente entre patrons pour faire échouer le projet de suppression des veillées. Il craint que l'enquête n'aboutisse jamais et, d'ailleurs, il ne la croit pas possible.

M. Duval-Arnould estime que l'entente dénoncée par M. Cardet est purement chimérique. Il paraît, d'ailleurs, exister un malentendu entre les préopinants. La question, d'après lui, se pose ainsi : Un décret du 15 juillet 1893 a permis aux patrons de choisir soixante jours par an pour faire veiller leur personnel, parce que, en 1892, on avait considéré que certaines industries, et notamment la couture, ont des moments de presse ; que le nombre des ouvrières capables d'exécuter certains travaux est limité et que les patrons se trouvent dans l'alternative, ou de faire veiller leur personnel, ou de refuser les commandes. On leur a donc accordé soixante jours par an. Cette tolérance a paru exagérée à plusieurs membres de la Commission et indispensable à d'autres. C'est pourquoi on se trouve en présence de trois vœux : l'un, celui de M. Millet, tendant au maintien du *statu quo* ; un autre, celui de M. Heppenheimer, à la réduction des jours de tolérance prévus par le décret du 15 juillet 1893. Ces deux propositions sont très éloignées l'une de l'autre ; mais, entre elles, vient se placer le troisième vœu proposé par M. Bezançon, qui demande l'ouverture d'une enquête sur l'opportunité et la possibilité d'arriver à la réduction de la tolérance dont bénéficie actuellement l'industrie de la couture.

L'orateur déclare qu'il votera le projet de M. Bezançon parce que s'il est désirable que les veillées se pratique dans la moindre mesure possible, il faut une enquête pour s'éclairer et pour déterminer d'une façon précise jusqu'où la réduction pourrait aller, sans porter atteinte aux intérêts de l'industrie nationale. Il faut faire acte de sagesse en se bornant à statuer sur le principe d'une réduction et en laissant à l'enquête le soin d'établir l'importance de cette réduction.

M. Duval-Arnould estime que, dans ces conditions, le projet de vœu de M. Millet doit être éliminé. Quant à celui de M. Heppenheimer, on ne sait pas si les quarante jours qu'il propose seront suffisants ou insuffisants. C'est là précisément ce que l'enquête aura pour but d'établir.

M. MALLEMONT déclare qu'il approuve absolument ce qu'a dit M. Worth, mais qu'il ne partage pas l'opinion de M. Duval-Arnould. au sujet de l'enquête. Il y a des nécessités contre lesquelles on ne peut rien : les moments de presse dans les industries de la couture et de la mode sont du nombre. Ainsi, en ce moment, on manque d'ouvrières, mais il est probable qu'après le Grand Prix, il y en aura trop. Une enquête est inutile pour le démontrer.

La seule chose à faire est de rechercher et de réprimer les abus. Ce dont les ouvrières se plaignent, ce n'est pas de travailler douze heures par jour, mais bien de travailler jusqu'à minuit ou une heure du matin. Toutes les ouvrières sont contre les veillées ; mais les bonnes ouvrières comprennent les nécessités de l'industrie et c'est pour cela qu'elles ne refusent pas le travail supplémentaire qu'on leur demande. L'abus consiste à faire veiller jusqu'à une heure avancée de la nuit et c'est l'abus seul qu'il faut réprimer.

La tolérance de soixante jours par an, actuellement accordée, n'est pas exagérée. L'orateur votera le projet de vœu de M. Millet.

M. CARDET demande à M. Mallemont ce qu'il entend par une bonne ouvrière.

M. MALLEMONT répond que c'est celle qui se rend compte de l'importance du travail qu'on lui donne et des nécessités de l'industrie.

M. WALCKENAER demande à soumettre à l'Assemblée quelques remarques générales au sujet du scrutin qui va s'ouvrir. Il lui semble que tout le monde est d'accord sur ce point : à savoir que la veillée doit être une chose exceptionnelle et qu'on doit chercher à l'éviter dans la mesure du possible. Avant tout, il y a un règlement qu'il importe de faire observer.

Ce qu'il y a de plus grave, ce n'est pas qu'on veille pendant soixante jours par an, mais qu'on fasse abus de cette tolérance. Or, il est certain qu'il y a des abus. Réformer le règlement, c'est bien; mais le faire exécuter, c'est encore mieux.

Quand les veillées ont lieu, il faudrait qu'elles ne soient pas inopinées et contraires, par suite, à l'hygiène et à la moralité des ouvrières.

Si celles-ci et leurs familles ne sont pas prévenues qu'on veillera, elles ne peuvent prendre leurs précautions pour leur dîner et elles sont obligées de rester sans manger depuis le déjeuner jusqu'à une heure fort avancée de la nuit. Elles doivent, en outre, retourner, par des rues désertes, dans des quartiers souvent fort éloignés où elles sont exposées à faire de mauvaises rencontres.

Il y a là, pour elles, un double danger matériel et moral dont il serait désirable que les patrons voulussent bien tenir compte.

M. Louis MEYER dit que pour user de la tolérance de soixante jours il n'y a pas besoin de prévenir l'Inspection ; aussi se trouve-t-il des maisons pour en abuser. Il y a des enfants qui demeurent dans la banlieue et qui, n'étant pas prévenus des jours où le patron usera de son droit, sont obligés de rester jusqu'à minuit sans avoir rien mangé depuis leur déjeuner. On devrait contraindre ces patrons à ne pas laisser des enfants pendant douze heures sans nourriture et à ne pas les forcer à rentrer chez eux à minuit. Pour obtenir ce résultat, il n'y a qu'un moyen : la suppression absolue des veillées pour tous les enfants mineurs.

M. LE PRÉSIDENT, répondant à M. Duval-Arnoud, explique que s'il a demandé, avec M. Heppenheimer, la réduction à quarante jours de la tolérance accordée pour les veillées, c'est qu'ils étaient persuadés l'un et l'autre qu'en demandant la suppression totale, ils n'obtiendraient rien du tout.

La Commission ne peut émettre que des vœux, dont le législateur est saisi et auxquels il peut seul donner force de loi. Il faut donc que la Commission envisage la situation telle qu'elle est, qu'elle ne perde pas de vue qu'il y aura toujours des fraudes et qu'elle s'attache surtout à faire constater les abus qui sont inévitables, même avec la meilleure des législations. Dans toute la France, l'Inspection du Travail est unanime à demander la suppression des veillées ; il faut donc que la Commission s'unisse à l'Inspection pour l'obtenir ; mais on ne l'obtiendra que progressivement et on risquerait d'aboutir à un échec complet en voulant trop demander d'un seul coup.

M. Mallemont, répondant à M. Louis Meyer, dit qu'il partage son avis au sujet des repas. On devrait trouver un moyen de faire manger les ouvrières quand on est obligé de les faire veiller.

M. Laporte demande à renseigner la Commission au sujet de la question des repas du soir. Frappé du trop grand intervalle qui s'écoule entre l'heure du déjeuner et celle du dîner, il avait obtenu il y a quelques années, de la plupart des couturiers qu'une demi-heure fût accordée aux ouvrières pour leur permettre d'aller dîner dehors les jours de veillées. Mais les ouvrières, pour ne pas être obligées de faire une demi-heure de plus, ont énergiquement refusé de l'accepter. Elles ont préféré entrer chez elles *le ventre vide*, et la bonne volonté des patrons et de l'Inspection a échoué devant leur résistance.

M. Worth déclare qu'il n'hésite pas à appuyer les réclamations relatives aux repas. C'est une question d'humanité et il ne peut y avoir aucune difficulté sur ce point. Mais il a entendu tout à l'heure M. Louis Meyer dire que, pour user de la tolérance de soixante jours, on n'a pas à prévenir l'Inspection. C'est là une erreur absolue. L'Inspection doit toujours être prévenue. M. Meyer a, de plus, laissé croire que des enfants étaient laissés pendant douze heures sans nourriture. C'est impossible, par la raison qu'il n'est pas permis de faire veiller ces enfants.

Dans un autre ordre d'idées, M. Besombes a invoqué l'avis des Inspections du Travail de province pour demander la suppression des veillées ; mais chacun sait que Paris a le monopole de certains travaux qui ne s'exécutent pas en province ; par conséquent, les Inspections, autres que celle de Paris, n'ont pas la compétence nécessaire pour se prononcer au sujet des conditions du travail dans certaines industries qu'elles ne connaissent pas.

Il est possible qu'à l'heure actuelle il y ait des abus ; mais ce n'est pas une raison pour faire table rase de tout ce qui existe. Les abus doivent être réprimés, c'est là la besogne de l'Inspection. Mais est-ce à dire parce qu'une loi est violée par quelques-uns, il faut la supprimer ? Il ne resterait pas une seule loi debout s'il fallait faire disparaître du Code toutes celles que l'on ne respecte pas ou auxquelles on n'obéit pas à la lettre, et dont l'observation est la seule raison d'être des tribunaux.

L'orateur consentirait à la rigueur à ce que l'obligation d'accorder une demi-heure aux ouvrières pour prendre leur repas du soir au dehors les jours de veillées fût inscrite dans la loi ; mais il ne saurait aller plus loin. Les soixante jours de veillées sont à peine suffisants ; il est impossible de les réduire. Il vaudrait mieux faire preuve de plus de franchise et proposer la suppression radicale des veillées, qui conduirait à la suppression de l'industrie en cause.

M. Louis MEYER dit que le rôle de la Commission est d'attirer l'attention de l'Inspection du Travail sur les abus et de les faire réprimer.

M. WALCKENAER fait remarquer que tout le monde est d'accord pour que le règlement actuel soit observé. Ce n'est pas le règlement lui-même, mais l'exécution du règlement qui est sur la sellette. Il y a donc unanimité pour exiger la stricte application du règlement. En second lieu, le vote portera sur la réforme du règlement. Les uns le trouvent bon, d'autres voudraient qu'il fût modifié ; d'autres, enfin, jugent qu'une enquête serait nécessaire avant de prendre une décision. La question des repas, qui a été également agitée, est d'un ordre particulièrement délicat et ne saurait être tranchée au pied levé, car elle soulève une autre question très importante pour les ouvrières, celle du temps perdu et, par conséquent, de la diminution du salaire. Cette question mérite de faire l'objet d'une étude approfondie.

M. ANTOURVILLE rappelle que la mission dévolue à la Commission par la loi ne consiste pas seulement à surveiller l'exécution de celle-ci, mais aussi, et c'est le point le plus important, à rechercher toutes les améliorations dont elle est susceptible. Après avoir appliqué les lois existantes, il faut chercher quelles sont les modifications à ces lois, dont l'expérience a démontré la nécessité. L'orateur serait plutôt partisan du vœu de M. Bezançon, parce qu'il comporte une demande d'enquête et que, précisément, cette enquête prouvera que les veillées peuvent et doivent être totalement supprimées. La difficulté de recruter des ouvrières habiles dans l'industrie de la couture vient de ce qu'elles sont trop spécialisées. Qu'on leur apprenne toutes les parties de leur métier et la difficulté disparaîtra d'elle-même. L'orateur appuie le projet de M. Bezançon et déclare qu'il le votera.

M. LE PRÉSIDENT dit que ce n'est pas le règlement, ni son exécution qui sont en cause et que ce n'est pas sur eux qu'on va voter, mais bien sur la question de savoir s'il y a lieu ou non de maintenir les tolérances. A son avis, tant qu'il y aura des tolérances, il sera impossible d'appliquer le règlement, car c'est ouvrir la porte à la fraude. Il ne faut pas non plus compter sur une enquête pour aboutir à un résultat pratique. Les enquêtes administratives ou parlementaires éternisent les questions sans jamais les résoudre. Il faut voter les quarante jours, proposés par M. Heppenheimer, sous peine de ne rien obtenir du tout. Lorsque ce premier résultat sera acquis, on pourra, plus tard, revenir à la charge et arriver progressivement la suppression complète des dérogations.

M. HEPPENHEIMER dit qu'il a proposé quarante jours à titre d'indication. Il croit qu'on pourra aboutir à la suppression totale des veillées. Mais, pour le moment, il ne faut pas trop demander. On ne pourrait voter la suppression totale sans nuire à des intérêts considérables. Plus tard, il viendra un moment où il sera indispensable de supprimer les veillées et alors cette réforme s'accomplira très facilement et, pour ainsi dire, d'elle-même. Cette œuvre sera véritablement démocratique. Les patrons auront assez de cœur pour rechercher les moyens d'éviter à leurs ouvrières des fatigues excessives et ils se convaincront qu'il est possible de terminer le travail en temps voulu, sans veiller.

Au surplus, la proposition de réduction à quarante jours n'est pas exclusive de l'enquête. On peut voter d'abord cette réduction pour faciliter la tâche de l'Inspection, mais l'enquête devra porter sur la suppression totale.

Si l'enquête révèle que les dérogations peuvent être totalement supprimées, sans nuire à personne, on aura fait une œuvre utile en votant la réduction. Si non, nous nous inclinerons devant les résultats de l'enquête.

L'orateur maintient sa proposition tout en se ralliant au projet subsidiaire de l'enquête.

La discussion est close.

M. LE PRÉSIDENT annonce qu'il va mettre les trois propositions aux voix, en commençant par celle de M. Heppenheimer qui est la plus large.

M. MENIN objecte qu'à son avis, c'est la proposition de M. Bezançon qui est la plus large et qui doit, en conséquence, bénéficier de la priorité. Il est possible, en effet, que l'enquête demandée par M. Bezançon aboutisse à ce résultat que les dérogations peuvent être réduites à un chiffre inférieur à celui indiqué par M. Heppenheimer. Il ne votera donc pas la proposition de M. Heppenheimer, mais celle de M. Bezançon.

M. HEPPENHEIMER réplique qu'on peut voter les deux propositions, l'une n'excluant pas l'autre. L'enquête sera longue et minutieuse. A quelle époque aboutira-t-elle? Il est préférable d'adopter aujourd'hui le vœu qu'il propose et qui fixe un chiffre, et de voter ensuite l'enquête.

M. WORTH fait remarquer que ce chiffre a l'inconvénient de préjuger les résultats de l'enquête. Si, en effet, on venait à reconnaître que les soixante jours sont insuffisants ou à peine suffisants, que deviendrait le vœu? Si on insiste, c'est qu'on veut donner à l'enquête le mandat impératif de se prononcer dans le sens du vœu lui-même.

M. HEPPENHEIMER insiste pour que la priorité soit accordée à sa proposition, étant entendu que l'enquête ne pourra porter que sur la réduction ou la suppression des dérogations et non sur leur augmentation.

M. LE PRÉSIDENT met aux voix la priorité.

La proposition de M. Heppenheimer recueille 9 suffrages et celle de M. Bezançon 7.

En conséquence, la priorité est accordée à la proposition de M. Heppenheimer.

Cette proposition, dont M. le Président donne lecture, est ainsi conçue :

» La Commission départementale,
» Émet le vœu

« Pour indiquer aux industries spécifiées à l'article 1er du décret du 15 juillet 1893 la nécessité de se rapprocher de l'application rigoureuse de la loi fixant la limite de la durée des heures de travail, que les soixante jours de veillées accordés par l'article 1er dudit décret, soient réduits à quarante jours, sans préjudice du repos hebdomadaire. »

Cette proposition est adoptée par 13 voix contre 6.

M. LE PRÉSIDENT met ensuite aux voix la proposition de M. Bezançon qui est ainsi conçue :

« La Commission départementale exprime à M. le Ministre du Commerce et de l'Industrie le vœu que le décret du 15 juillet 1893 soit revisé dans ce sens, que la durée du travail effectif autorisé en vertu de l'article 1er sera réduite dans la mesure du possible, et qu'une enquête soit ouverte sur cette proposition. »

M. LAPORTE trouve cette rédaction défectueuse ; l'article 1er du décret du 15 juillet 1873 ayant trait à la limitation des heures du travail journalier aussi bien qu'à la tolérance accordée pour déroger à cette règle pendant soixante jours de l'année. Or, c'est de la question de la réduction ou de la suppression de cette tolérance seulement que la Commission est actuellement saisie.

M. DUVAL-ARNOULD appuie l'observation de M. Laporte et propose de substituer aux mots : « que la durée du travail effectif autorisé en vertu de l'article 1er », ceux-ci « que les soixante jours de tolérance ».

M. LAPORTE propose de dire simplement : « que la durée de la dérogation ».

M. DUVAL-ARNOULD déclare se rallier à l'amendement de M. Laporte.

Cet amendement est mis aux voix et adopté à l'unanimité, ainsi que l'ensemble de la proposition dont le texte se trouve dès lors ainsi arrêté :

« La Commission départementale exprime à M. le Ministre du Commerce et de l'Industrie le vœu que le décret du 15 juillet 1893 soit revisé dans ce sens, que la durée de la dérogation sera réduite dans la mesure du possible, et qu'une enquête soit ouverte sur cette proposition. »

IMPRIMERIE CHAIX, RUE BERGÈRE, 20, PARIS. — 15187-6-01. — (Encre Lorilleux).

www.ingramcontent.com/pod-product-compliance
Lightning Source LLC
Chambersburg PA
CBHW070903210326
41521CB00010B/2037